Oskar Föller

Verbindliches Leben

– nicht nur im Mitarbeiterkreis!
Anstöße für die Praxis

Hänssler-Verlag
Neuhausen-Stuttgart

ISBN 3 7751 0344 – 9

1. Auflage
TELOS-Taschenbuch Nr. 212
© Copyright 1978 Hänssler-Verlag, Neuhausen-Stuttgart
Umschlaggestaltung: Daniel Dolmetsch, Stuttgart
Foto: Artreference
Gesamtherstellung:
St.-Johannis-Druckerei, 7630 Lahr-Dinglingen
Printed in Germany   15540/1978

Vorwort

»Verbindliches Leben – nicht nur im Mitarbeiterkreis« ist ein erweitertes Arbeitspapier des Seminars Nr. 26, das auf dem Christival 76 in Essen durchgeführt wurde. Schüler und Mitarbeiter des Lebenszentrums Adelshofen haben dabei mitgewirkt und Erfahrungen aus ihren verschiedenen Heimatkreisen mit eingebracht.

Mit eingeflossen sind neben Anregungen und Anstößen aus der Literatur auch solche aus Begegnungen mit verschiedenen christlichen Lebensgemeinschaften und aus der Geschichte und dem Alltag des Lebenszentrums Adelshofen. Dieses Buch erhebt nicht den Anspruch, die einzelnen Themen erschöpfend zu behandeln. Vielmehr will es wesentliche Grundlinien aufzeigen und zur Verwirklichung und Weiterarbeit anregen. Vieles konnte nur im Telegrammstil gesagt werden. Es wird sich deshalb als nötig und hilfreich erweisen, weiterführende Literatur zu den einzelnen Themen zu lesen.

Inhalt

Vorwort 5

I. *Verbindlichkeit – neue alte Wahrheit* 9
1. Verbindlichkeit – was ist das? 9
   Der Hintergrund – Sprachliches – Konkretion
2. Ausgangspunkt: Gott hat gehandelt 12
   Gottes Initiative – Unsere Antwort
3. Verbindlichkeit hat immer mit Gemeinschaft
   zu tun 14
   Glied am Leib Jesu – Bewährung im Miteinander im
   Alltag
4. Die Bibel zum Thema »Verbindliches Leben« 16
   Verbindliche Gemeinschaft im Alten Testament und
   im Neuen Testament

II. *Verwirklichung im persönlichen Leben* 22
1. Zeiten der Stille und Besinnung 22
   Audienz beim König – Umgang prägt – Jesus selbst
   suchte die Einsamkeit – Praktische Gestaltung –
   Abends: »Motor abstellen!« – Tage der Stille – Übung
   ist nötig
2. Ein Leben mit der Bibel 32
   Ein Liebesbrief Gottes – Wirkungen des Wortes – Hilfen zur Bibellese – Bibelstudium
3. Ein Leben des Gebets 36
   Gott fordert uns dazu auf – Gott antwortet darauf –
   Erhörliches Gebet – Arten des Gebets – Regelmäßigkeit – Ständiges Gebet
4. Ein Leben des Gehorsams und der Disziplin 44
   Übung – Äußere Haltung – Innenleben – Mein Reden –
   Ordnung zu Hause – Leben mit Gott – Zeiteinteilung –
   Arbeit – Lebensstil – Beziehungen zu anderen
5. Ein Leben des Dienstes und der Demut 49

6. Ein Leben des Zeugnisses 49
7. Ein Leben in der Wahrheit und Reinigung 50

III. *Verwirklichung im Miteinander* 51
  1. Bleiben am Wort 51
     Bibelgespräch – Konkret, persönlich, praktisch, anschaulich – Fragen im Bibelgespräch – Bibelarbeit mal anders
  2. Gemeinsames Gebet 55
     Regelmäßig – Praktische Anregungen – Vorbereitung – Grundvoraussetzungen
  3. Seelsorge und Beichte 58
     Die Bibel zum Thema – Männer der Kirche – Erfahrung – Warum vor einem Menschen? – Wem beichten? – Wann und wie oft? – Was bekennen? – Wie? – Lebensberatung
  4. Offenheit und Austausch 68
     Masken ablegen – Andere teilhaben lassen – Austausch im Kreis – Austausch zu zweit
  5. Liebe und Fürsorge füreinander 72
     Liebe muß konkret werden – Liebe zu allen? – Verschiedene Temperamente – Liebe lernen
  6. Leitung ist nötig 78
     Diener sein – Vorbild sein – Sich vervielfältigen – Reifen in der Stille – Wer kann Leiter sein? – Einsetzung – Kriterien – Führungsqualitäten und Gefahrenpunkte
  7. Gehorsam 86
  8. Korrektur: Ermahnung und Ermutigung 88
     »Heißes Eisen« – Absprache – Manöverkritik – Gemeindezucht
  9. Einheit 93
     Sünde bekennen – Die Bitte um Verzeihung – Gemeinschaftszerstörer – »Rückfrage genügt!« – Einheit in praktischen Fragen – Demokratische Abstimmung?
  10. Gemeinsamer Dienst 99
  11. Verbindliche Ordnungen 101

IV. *Verbindliches Miteinander – positive Auswirkungen und Vermeidung von Gefahren* 106

1. Positive Auswirkungen 106
   Gegenseitige seelsorgerliche Hilfe – Effektiver Einsatz der verschiedenen Gaben – gegenseitige Ergänzung – Geborgenheit – Missionarische Anziehungskraft – Vollmacht in Verkündigung und Seelsorge

2. Vermeidung von Gefahren 107
   Routine und Veräußerlichung – Gesetzlichkeit – Falsche Vertraulichkeit, seelische Bindungen – Cliquenwirtschaft – Selbstgenügsamkeit

V. Beispiel eines verbindlichen Mitarbeiterkreises .. 111

1. Die Gestaltung unseres Mitarbeiterkreises 111
   Zurüstung – Mitarbeiterkreis – Gebetszeiten – Opfer – Seelsorge – Missionarische Einsätze

2. Unsere Mitarbeiterordnung 114

VI. *Wo anfangen?* 116

Adressen 119

I. Verbindlichkeit – neue alte Wahrheit

1. Verbindlichkeit – was ist das?

In den letzten Jahren ist der Ausdruck »Verbindlichkeit« für viele Christen die Umschreibung einer biblischen Wahrheit geworden, die sie neu entdeckten. Inhaltlich sagt er eigentlich nichts Neues. Zu allen Zeiten haben wirkliche Jesusnachfolger verbindlich gelebt, d. h. sie haben sich in Treue und Beständigkeit nach dem Willen Gottes ausgerichtet und dadurch im Alltag des persönlichen Lebens wie in der Gemeinschaft mit Brüdern und Schwestern ihr Christsein konkretisiert. Sie haben sich darin geübt, jeden Tag von neuem ihr selbstsüchtiges Ich kreuzigen zu lassen, um in die Fußstapfen Jesu zu treten (Luk. 9, 23).

Der Hintergrund

Auf dem Hintergrund der geistig-seelischen Strömungen unserer Zeit gewinnt »verbindliches Leben« aber eine neue grundlegende Wichtigkeit und Schärfe, die jeden angeht, der mit Ernst Jesus nachfolgen möchte. Unsere Zeit ist gekennzeichnet von einer großen Oberflächlichkeit, Schnellebigkeit und Unstetigkeit. Wir leben in einer Wegwerf- und Konsumgesellschaft, deren Denken und Verhalten auch das Christsein beeinflußt. Man läßt sich treiben, handelt nach Gefühl, nach Lust und Laune, ist sein eigener Herr und läßt sich von niemandem etwas dreinreden. Verbindliche Maßstäbe sind verlorengegangen. Ethische Werte wie Opfer, Hingabe, Selbstverleugnung, Wahrhaftigkeit, Treue, Gehorsam und andere sind nicht länger mehr erstrebenswert. Statt dessen sind Begriffe wie Selbstverwirklichung, Selbstentfaltung, Selbständigkeit, Freiheit, Unabhängigkeit, Emanzipation u. a. zu viel gebrauchten Schlagwörtern geworden. Genußstreben und Lustprinzip bestimmen weithin Denken und Leben. Die Denkschemata dieser Welt beeinflussen auch viele Christen. »Verbindliches Leben« dagegen ist Leben nach dem Willen Gottes, Veränderung der Gesinnung und des Verhaltens nach seinem Wort. Diese Umwandlung vollzieht sich in vielen kleinen Gehorsamsschritten.

»Ich ermahne euch nun, liebe Brüder, durch die Barmherzigkeit Gottes, daß ihr eure Leiber gebet zum Opfer, das da lebendig, heilig und Gott wohlgefällig sei. Das sei euer vernünftiger Gottesdienst. Und stellet euch nicht dieser Welt gleich, sondern verändert euch durch Erneuerung eures Sinnes, auf daß ihr prüfen möget, was Gottes Wille ist, nämlich das Gute und Wohlgefällige und Vollkommene« (Röm. 12, 1–2).

Für uns als Evangelische ist Verbindlichkeit auch noch aus einem anderen Grund besonders aktuell. Sie zeigt uns eine Seite der biblischen Wahrheit auf, die wir lange Zeit vernachlässigt haben. Dietrich Bonhoeffer befaßt sich in seinem Buch »Nachfolge« mit dieser Wahrheit des Gehorsams, des glaubenden *Tuns*. Aus Angst vor Werkgerechtigkeit und Gesetzlichkeit wurde diese Seite der biblischen Botschaft oft verdächtigt, und dabei wurde die Gnade vielfach zur »billigen« Gnade, auf der man ausruhte, alles Gott überließ und fehlende Heiligung damit entschuldigte, daß wir eben »alle Sünder sind und erst im Himmel vollkommen sein werden«. Wir haben im Raum unserer evangelischen Christenheit auf diesem Gebiet einen Nachholbedarf. Es geht dabei bei unserem Thema nicht um Werkgerechtigkeit, sondern um den Gehorsam im Glauben, um disziplinvolles Tun des Willens Gottes aus

Dankbarkeit und Liebe. Solcher Gehorsam ist Dank für Golgatha; und Gehorsamstaten sind somit Früchte des Glaubens.

Sprachliches

Es ist in diesem Zusammenhang nicht unwichtig, auf eine sprachliche Beobachtung hinzuweisen.

Im Hebräischen und Griechischen klingt bei den Worten, die den Glauben bezeichnen (*ämät*/hebr. und *pistis*/gr.) auch das Wort »Treue« mit. Glaube hat also immer auch mit Treue, Festigkeit, Zuverlässigkeit zu tun. Der biblische Glaube ist ein Geschenk Gottes, eine Wirkung des Geistes (ein Innenvorgang), der sich dann in konkreten Akten des Vertrauens und Gehorsams äußert. So wie Gott fest, treu und zuverlässig ist, ja gerade weil er es ist, ist auch der Mensch gefragt, fest und treu und zuverlässig zu vertrauen und gehorsam zu sein.

Das Bild der Ehe veranschaulicht diesen Tatbestand wohl am deutlichsten. Da geben sich zwei Menschen, vielleicht mit Zittern, das Jawort und versprechen sich gegenseitig die Treue. Sie geben zu verstehen: »Wir wollen auf Gedeih und Verderb zusammenbleiben.« Das ist zunächst ein einmaliger Akt vor Zeugen, der aber später im Alltag immer neu konkret werden wird und neue Schritte des Vertrauens, der Liebe, der Hingabe, der Treue mit sich bringt.

Ein wesentlicher Unterschied zum geistlichen Leben soll hier aber nicht übersehen werden, weil er ganz entscheidend ist: Menschliche Treuebündnisse können zerbrechen. Bündnispartner werden untreu. Gott niemals. Das ist das Fundament, auf dem wir stehen können.

11

Konkretion

Im geistlichen Bereich heißt Glaube und Treue:

Ein Jünger Jesu verpflichtet sich zum Gehorsam und zur Treue

- Gott gegenüber (der ihn teuer erkauft hat, dessen Eigentum, ja, dessen Sklave er ist);
- Gottes Willen gegenüber (der im Wort Gottes offenbart ist);
- der Gemeinde Jesu gegenüber (in die er von Gott aus Gnade gestellt ist, und die in einer Zweierschaft, im Mitarbeiterkreis, Jugendkreis oder in der örtlichen Gemeinde oder Gemeinschaft konkrete Formen annimmt).

2. Ausgangspunkt: Gott hat gehandelt

Wenn wir von Verbindlichkeit sprechen, meinen wir nicht etwas, was ein Mensch aus eigener Kraft tun könnte. Nicht menschlicher Eifer, nicht menschlich-religiöse Idealvorstellungen, überhaupt nichts, was aus dem Menschen kommt, kann Grundlage des verbindlichen Lebens sein. Statt dessen erkennen wir froh: Gott hat gehandelt. Er hat uns zuerst geliebt – und deshalb laßt uns ihn wieder lieben! (1. Joh. 4, 19). Er streckt uns seine Hand entgegen.

Gottes Initiative

Er hat seinen Sohn gegeben, aus Liebe, unverdient. Der heilige Gott verbindet sich mit sündigen, unwürdigen, unfähigen Menschen.

Dieses Handeln Gottes am Kreuz ist ein Angebot,

ein Anruf an jeden verlorenen Sünder. Gott hat gehandelt, nun wartet er auf unsere Antwort. Die Initiative geht von Gott aus. Er hat alles getan. Nun wartet er darauf, daß wir seine ausgestreckte Hand ergreifen, sein Geschenk annehmen, auf sein Angebot eingehen. Er wünscht sich unseren Glauben, unsere Liebe, unsere Hingabe und damit unseren freiwilligen Gehorsam.

Eng mit dem deutschen Wort »Verbindlichkeit« verwandt ist der Begriff »Bund«. Er umschreibt in seiner biblischen Bedeutung genau den genannten Tatbestand: Gott hat aus Gnade, unverdient, ein Volk erwählt, um mit ihm einen Bund zu schließen, sich mit ihm zu verbinden.

»Nicht hat euch der Herr angenommen und euch erwählt, weil ihr größer wäret als alle Völker – denn du bist das kleinste unter allen Völkern –, sondern weil er euch geliebt hat!« (5. Mose 7, 7).

Mit diesem kleinen, verachteten Volk schließt der ewige Gott, der alles geschaffen hat, einen Bund.

Gott sagt: »Ihr sollt mein Volk sein.« – »Ihr sollt meinen Willen tun und meinen Ruhm verkündigen« (vgl. 2. Mose 19, 5–6 u. a.).

Gott macht das Angebot dieses Bundes, nun ist das Volk gefragt, ja oder nein zu sagen. Das Volk Israel am Sinai antwortet:

»Alles, was der Herr geredet hat, wollen wir tun« (2. Mose 19, 8; 24, 3).

Unsere Antwort

So wartet Gott auch auf unsere Antwort, auf unser Ja, auf unser Vertrauen, auf unsere Verpflichtung aus Liebe und Dankbarkeit.

Verbindlichkeit ist also nicht ein Gesetz, sondern die

dankbare Antwort auf Gottes unverdientes, gnädiges Handeln am Kreuz.

Verbindlichkeit ist das »zitternd-mutige Ja«, das ich dem lebendigen Gott und damit auch der Gemeinde gebe. Weil Gott so viel für mich getan hat und immer neu tut, wage ich mein eigenes Leben und gebe es ihm zum ganzen Gehorsam. Ich sage: »Ja! Ich will! Mit Gottes Hilfe!«

»Wer mich liebt, der wird mein Wort halten; und mein Vater wird ihn lieben, und wir werden zu ihm kommen und Wohnung bei ihm machen« (Joh. 14, 23).

3. Verbindlichkeit hat immer mit Gemeinschaft zu tun

Jeder, der auf diese Weise ein Ja-Wort Gott gegenüber spricht, erfährt das Geheimnis eines neuen Verhältnisses mit dem ewigen, unsichtbaren Herrn. Er hat Gemeinschaft mit dem Vater und dem Sohn Jesus Christus und gleichzeitig mit anderen Christen (1. Joh. 1, 3).

Glied am Leib Jesu

Wer Jesus als Herrn und Retter annimmt, ist in diesem Augenblick Glied der Gemeinde Jesu geworden, Teil der weltweiten Familie Gottes, Glied am Leib Jesu (1. Kor. 12). Er hat einen ganz bestimmten Platz, eine ganz bestimmte Funktion als Glied dieses Leibes. Er darf seine Bestimmung erkennen, entfalten, anderen helfen und dienen mit seinen Gaben – und auch für sich selbst von anderen Gliedern Hilfe und Handreichung erfahren.

Bewährung im Miteinander im Alltag

Verbindlichkeit (Gehorsam und Hingabe) Gott gegenüber

und gegenüber seinem Wort führt ganz folgerichtig zur Verbindlichkeit gegenüber dem Bruder, gegenüber der Gemeinde. Ein wahrer Jünger Jesu wird also den Brüdern gegenüber treu sein, für sie offen sein, auf sie hören und ihnen gehorchen. Er weiß, daß er sie braucht, daß Gott auch durch die Brüder an ihm handeln und zu ihm reden möchte.

Der Zusammenhang zwischen Gottesverhältnis und Verhältnis zum Bruder und umgekehrt gilt für viele Bereiche. Was Johannes in seinem Brief im Blick auf die Liebe schreibt, läßt sich auch am Gehorsam, an der Demut, am Opfer usw. aufzeigen:

»So jemand spricht: Ich liebe Gott, und haßt seinen Bruder, der ist ein Lügner. Denn wer seinen Bruder nicht liebt, den er sieht, wie kann er Gott lieben, den er nicht sieht?« (1. Joh. 4, 20).

Im alltäglichen Miteinander werden unsichtbare, geistliche Realitäten sichtbar. Der Alltag ist der Test für unser geistliches Leben.

Wir können also sagen: Die Liebe zu Gott zeigt sich an der Liebe zum Bruder. Oder: Wer demütig vor Gott ist, ist es auch vor Menschen. Wer Gott gehorchen kann, kann auch Menschen gehorchen. Oder: Wer in enger Verbindung mit Gott lebt, wird auch in enger Verbindung mit den Geschwistern im Glauben leben (vgl. 1. Joh. 1, 5–7).

Sünde unterbricht unsere Verbindung zu Gott und unsere Verbindung zum Bruder. Wenn ich am Bruder schuldig werde, ist mein Verhältnis zu Gott gestört. Wenn ich nicht in Harmonie mit Gott lebe, kann ich auch dem Bruder nicht in der rechten Weise begegnen. Deshalb ist das Leben im Licht, das Leben in der Reinigung eine ständige Notwendigkeit. Ohne kontinuierliche Reinigung ist lebendige Gemeinschaft mit Gott und mit Geschwistern auf die Dauer nicht möglich. Es ist demütigend, aber auch heilsam, in dieser Übung zu bleiben, die erst in der Ewigkeit ein Ende findet.

Echte Gemeinschaft kann ganz praktisch da beginnen, wo einer anfängt, sein Leben vor Gott in Ordnung zu bringen, d. h. Schuld erkennt, bekennt, läßt und Gott gehorsam wird. Der zweite kann sich anschließen, wenn der erste ihm Offenheit und Vertrauen gibt und damit eine Brücke zu seinem Herzen baut, in sein Innerstes hineinschauen läßt und nichts verdeckt. Damit liefert er sich gewissermaßen aus. Das ist ein Risiko, aber anders kann kein Miteinander, kein Vertrauen wachsen. Nur so komme ich und kommen andere aus der persönlichen Isolierung heraus; denn wenn ich mich öffne, gebe ich dem andern die Möglichkeit, sich ebenfalls zu öffnen. Echte Bruderschaft beginnt unter dem Kreuz Jesu, wo ich und der Bruder Sünde bekennen und Vergebung empfangen. Hier haben wir beide dieselbe Basis: das Blut Jesu, die Gnade, d. h. die unverdiente Liebe (1. Joh. 1, 7).

4. Die Bibel zum Thema »Verbindliches Leben«

An vielen Stellen der Bibel wird direkt oder indirekt über Wert und Notwendigkeit verbindlicher Gemeinschaft gesprochen.

Schon auf den ersten Blättern der Bibel lesen wir, daß der Mensch zur Gemeinschaft geschaffen ist. Gott sagt:

»Es ist nicht gut, daß der Mensch allein sei« (1. Mose 2, 18).

Was hier im Blick auf die Ehe gemeint ist, auf das Verhältnis von Mann und Frau, trifft im weiteren Sinn für jeden Menschen zu, ob verheiratet oder nicht. Niemand kann auf Dauer für sich allein sein, sich abkapseln, ohne sich selbst zu schaden. Wir Menschen brauchen einander. Ein Christ braucht den Bruder.

»So ist's ja besser zu zweien als allein; denn sie haben guten Lohn für ihre Mühe. Fällt einer von ihnen, so hilft ihm sein Gesell auf. Weh dem, der allein ist, wenn er fällt! Dann ist kein anderer da, der ihm aufhilft. Auch wenn zwei beieinander liegen, wärmen sie sich; wie kann ein einzelner warm werden? Einer mag überwältigt werden, aber zwei können widerstehen, und eine dreifache Schnur reißt nicht leicht entzwei« (Pred. 4, 9–12).

Dieser Abschnitt ist so eindeutig in seiner Aussage für das allgemein-menschliche und geistliche Leben, daß man nicht besser ausdrücken kann, welchen Wert Einheit und Gemeinsamkeit haben.

»Eisen schärft Eisen, so schärft ein Mann den andern« (Spr. 27, 17).

In diesem Wort ist der unangenehme, aber notwendige gegenseitige Bruderdienst der Korrektur eingeschlossen. Wir dürfen und müssen einander auch mahnend und korrigierend helfen, damit wir nicht abstumpfen und unbrauchbare Werkzeuge werden.

»Weiter sage ich euch: Wenn zwei unter euch eins werden auf Erden, worum sie bitten wollen, das soll ihnen widerfahren von meinem Vater im Himmel. Denn wo zwei oder drei versammelt sind in meinem Namen, da bin ich mitten unter ihnen« (Matth. 18, 19–20).

Jesus spricht hier von der besonderen Kraft und Verheißung, die im gemeinsamen Gebet liegt; auch davon, daß er selbst in besonderer Weise gegenwärtig ist, wo mehrere in seinem Namen zusammen sind.

Verbindliche Gemeinschaft im Alten Testament

Wir finden eine Reihe von Beispielen, wo Menschen in einem kleineren oder größeren Kreis verbindliche Gemeinschaft hatten: Gott stellte *Aaron* an die Seite seines Bruders *Mose* (2. Mose 4, 14–16). Sie stehen im gemeinsamen Dienst, wo sie sich eine gute Ergänzung sind. Es ist für Mose ein Geschenk Gottes, daß er nicht allein den schweren Dienst der Führung tragen muß. – Auf der anderen Seite ist Aaron aber auch derjenige, der das Volk zum Götzendienst mit dem Goldenen Kalb verführt (2. Mose 32, 1–6) und der sich später mit seiner Schwester Miriam zusammen gegen Mose auflehnt (4. Mose 12, 1 ff.). Es geht also in ihrem Miteinander nicht ohne Schuldigwerden und Versagen ab, aber gerade in diesen Spannungen und Enttäuschungen muß sich das Miteinander bewähren und wird es geläutert. An einer anderen Stelle treten beide dann wieder in gemeinsamer Fürbitte für das Volk ein (4. Mose 14, 5). Beim Kampf des Volkes gegen die Amalekiter wird noch ein Dritter erwähnt, der auf dem Berg Moses Arme mitstützt, *Hur,* während Josua im Tal das Heer anführt (2. Mose 17).

Wir lesen, wie *Josua* viele Jahre Diener des *Mose* ist, von dem er in der Lebensgemeinschaft vieles lernen kann, der geprägt und verändert wird, bis er später selbst das Volk führen kann (2. Mose 17, 9; 24, 13; 4. Mose 11, 28; 5. Mose 31, 14; Jos. 1, 7–9; 24).

Samuel lebt mit *Eli* als dessen Diener und Gehilfe am Heiligtum Gottes. Später wird er selbst Priester, Prophet und Führer des Volkes (1. Sam. 2, 11. 18. 26; 3, 1–21).

David und Jonathan haben ein besonders herzliches Verhältnis zueinander. Sie halten zusammen, auch als ihre Freundschaft Not, Kummer und Mißverstandensein bringt (1. Sam. 18, 1; 19, 4; 20, 17. 30. 34. 42; 23, 16; 2. Sam. 1, 26).

Elisa, der viele Jahre mit *Elia* und noch anderen Prophetenjüngern in einer engen Lebensgemeinschaft lebt und dient, wird dessen Nachfolger (1. Kön. 19, 19–21; 2. Kön. 2).

Verbindliche Gemeinschaft im Neuen Testament

Im Neuen Testament entdecken wir viele Hinweise auf Menschen, die in einem verbindlichen Miteinander lebten. So lesen wir, daß Jesus einen Kreis von *zwölf Jüngern* um sich sammelt. Er beruft sie in seine Nachfolge. Drei Jahre lang teilen sie mit ihm Freud und Leid, sind mit ihm unterwegs, leben mit ihm, sehen sein Beispiel, seine Taten und hören seine Worte. Sie empfangen Ermutigungen, Korrektur und Ergänzung von ihrem Meister. Er gibt ihnen Aufträge und die Bevollmächtigung dazu. Schon in dem engeren Kreis der Zwölf finden wir natürliche Zweierschaften, nämlich die Brüderpaare, die Jesus beruft: Petrus und Andreas, Jakobus und Johannes (Matth. 4, 18–22). Interessant ist auch die Aufzählung der Jünger in Matthäus 10, 2–4, die jeweils zwei zusammen nennt: »Petrus *und* Andreas, Jakobus *und* Johannes, Philippus *und* Bartholomäus, Thomas *und* Matthäus, Jakobus *und* Thaddäus, Simon *und* Judas«.

In Lukas 10, 1 ff. lesen wir, daß Jesus einen Kreis von 70 *Jüngern,* je *zwei und zwei* aussendet. Die große Schar ist unterteilt in »Zweierschaften«. Jesus hatte also einen engen Kreis von zwölf Jüngern und einen weiteren von siebzig. Er sandte sie je zwei und zwei in den Dienst. Wir erfahren in den Evangelien außerdem noch, daß er bei besonderen Anlässen nur einen kleinen Kreis von drei Vertrauten mitnimmt: *Petrus, Jakobus, Johannes.* Den anderen mutet er es zu, nicht dabeizusein; so bei der Verklärung (Matth. 17, 1 ff.); bei der Auferweckung der Tochter des Jairus (Luk. 8, 49 ff.); oder bei seinem Gebetskampf im Garten Gethsemane, wo er von diesen dreien Trost und Unterstützung erhofft, sie ihn aber im Stich lassen und schlafen (Matth. 26, 36ff.). Später sind diese drei die Säulen der Urgemeinde. Wir sehen: Jesus trägt der Notwendigkeit von Mitarbeiter- und Leiterschulung Rechnung. Zur Leitung Begabte brauchen besondere Zuwendung und Zurüstung.

In der Apostelgeschichte und in den Briefen finden wir weitere Beispiele. So sendet die Gemeinde in Antiochien *Barnabas* und *Paulus* auf die erste Missionsreise (Apg. 13, 1ff.). Sie haben noch einige andere Brüder bei sich (V. 13). Einer, Johannes Markus mit Namen, verläßt sie wieder. Bei der zweiten Missionsreise kommen Paulus und Barnabas scharf aneinander, weil Barnabas diesen Johannes Markus wieder mitnehmen möchte; sie trennen sich und gehen an verschiedene Arbeiten.

Paulus geht mit Silas nach Syrien und Cilicien, *Barnabas mit Johannes Markus* nach Zypern. Wir sehen hier, daß Zweierschaften auch auseinandergehen und neue sich bilden. Später haben sich Paulus und Barnabas wohl wieder versöhnt, denn in Kolosser 4, 10 lesen wir, daß eben dieser Johannes Markus bei Paulus ist.

In den Grüßen am Anfang und am Schluß der Paulusbriefe finden wir noch weitere Namen von Männern, die mit Paulus zusammen in einer Mannschaft kämpften und wirkten, wie z. B. Silvanus, Timotheus (1. Thess. 1, 1), Lukas und Demas, Epaphras, Tychikus und andere (Kol. 4, 7ff.). Demas ist eines der traurigen Beispiele dafür, daß auch langjährige Mitarbeiter wieder ganz vom Weg der Nachfolge abkommen können (2. Tim. 4, 10). Die Bibel idealisiert nicht.

Paulus und *Timotheus* waren in besonderer Weise miteinander verbunden. Durch sein vorbildliches Leben und seine Dienstbereitschaft war Timotheus dem Paulus eine Ermutigung und Freude. Paulus beschreibt ihr Verhältnis wie das eines Vaters zu seinem Sohn und umgekehrt, voll herzlicher Zuneigung (2. Tim. 3, 10–11; Röm. 16, 21; Phil. 2, 19–23 u. a.).

Alle diese Stellen und Beispiele zeigen uns, daß die Menschen der Bibel – von Gott einander zugeordnet – in verbindlicher Gemeinschaft lebten und dienten und auch die Spannungen, die sich daraus ergaben, durchhielten, weil sie um den Segen und die Notwendigkeit des Miteinanders wußten.

II. Verwirklichung im persönlichen Leben

Wir haben im ersten Teil schon davon gesprochen, daß Verbindlichkeit sich zuerst in unserem Verhältnis Gott gegenüber zeigen muß und dann auch dem Bruder, der Gemeinschaft gegenüber. Beides greift ineinander und steht in engem Zusammenhang. Im folgenden Abschnitt soll es nun darum gehen, wie sich Verbindlichkeit Gott gegenüber verwirklicht.

Unser geistliches Wachstum wird davon abhängen, ob wir in dem existentiellen Leben mit Gott bleiben. Der verborgene Umgang mit Gott ist die kostbare Mitte unseres Glaubenslebens. Wir müssen als Jünger Jesu lernen, aus den göttlichen Quellen zu schöpfen, für uns selbst und für andere. Das ist für jeden von uns das Entscheidende. Ohne diesen verborgenen Umgang mit Gott verliert unser Leben den Anschluß an ihn und den Strom seines Geistes, es wird oberflächlich, schal und unfruchtbar trotz vielleicht großer Aktivität. War haben dann nichts Echtes mehr zu geben. – Wenn aber wahre Verbindung mit Gott vorhanden ist, dann reifen wir und bringen Frucht. Er führt uns immer zu größerer Selbständigkeit, d. h. in seiner Kraft und Liebe werden wir auch mehr und mehr frei für andere. »Nur wer gelernt hat, einsam den Weg Jesu zu gehen, kann es auch in Gemeinschaft tun.«

1. Zeiten der Stille und Besinnung

Stille und Besinnung sind eine Hilfe gegen den Sog der Veräußerlichung, der auch uns als Christen ständig bedroht. Wir stehen immer wieder in der Gefahr, im Äußeren aufzugehen und das Herz des Christseins zu vernachlässigen, die Gemeinschaft mit Gott selbst. Der Gemeinde in Ephesus muß der Herr sagen:

»Ich weiß deine Werke und deine Arbeit und deine Geduld..., aber ich habe wider dich, daß du die erste Liebe verlässest« (Offb. 2, 2. 4).

Vor all unserem Wirken und Mühen möchte Gott uns selbst, unsere Zuwendung und Liebe zu sich haben. Er will »weder unser Wissen, noch unsere Werke, wenn er nicht unser Herz hat«.

Bei Maria und Martha in Bethanien zu Gast, macht Jesus auf diese Tatsache aufmerksam und setzt Prioritäten. Er wertet die praktische Arbeit nicht ab, weist ihr aber den richtigen Stellenwert zu (Luk. 10, 34–42).

Gott will zuerst unser Herz und unsere Hörbereitschaft. Nur aus dem rechten Hören auf Gott kann auch das richtige Handeln folgen. Alle fruchtbare Aktivität fängt in der Stille an; deshalb fordert uns die Bibel immer wieder dazu auf, still zu werden vor Gott (vgl. Ps. 37, 7; 46, 11; 62, 2; Hab. 2, 20; 1. Thess. 4, 11 u. a.).

Audienz beim König

»Stille Zeit bedeutet: Audienz beim König haben.« Diese Umschreibung drückt das große Vorrecht aus, das uns gegeben ist. Durch das Blut Jesu haben wir Zugang zum Thron des Vaters. Ich darf mich als begnadigter Sünder dem lebendigen und heiligen Gott nahen. Er wartet auf mich. Er hat Zeit für mich. Ich darf jederzeit mit allem kommen, was mich bewegt. Er hört mich an, erhört meine Bitten. Er hat ein Wort des Trostes und der Ermutigung für mich. In seiner Gegenwart lösen sich die Knäuel und

Wirren meines Wesens und meiner Lebensfragen. Vertrauensvoll darf ich ihm alles sagen. Er weiß Rat und hat die Mittel und Möglichkeiten zu helfen. Er wird mich fähig machen, zu leben, statt »gelebt zu werden«.

Gemeinschaft mit Gott, dem ewigen König, als ihrem Vater ist das Vorrecht der Kinder Gottes. Stille Zeit am Morgen wird uns deshalb Freude sein, Zeit froher Erwartung und nicht bloß fromme Pflichtübung oder unumgängliche »Dienstbesprechung«.

Umgang prägt

Die Menschen der Bibel lebten mit Gott. Sie nahmen sich Zeit für den verborgenen Umgang mit ihm. Da schöpften sie neue Kräfte; da stellte Gott sie auf weiten Raum; da gewannen sie göttliche Kühnheit; da erhielten sie Durchblicke und Weisung; da gestaltete Gott sie um in sein Bild.

Von Mose lesen wir, daß sein Gesicht glänzte und die Herrlichkeit Gottes widerspiegelte, wenn er aus der Stiftshütte kam, dem Ort der Begegnung mit Gott (2. Mose 34, 29–35).

Auch die Lebensbilder von Gottesmenschen in der Kirchengeschichte zeigen diesen Zusammenhang. Weil sie Menschen der Stille waren, waren sie Menschen der Kraft und Vollmacht. Ihr Wesen spiegelte etwas von Gottes Wesen wider. Bei aller irdischen Gebrochenheit leuchtete seine Reinheit, seine Klarheit, seine Milde, aber auch Strenge aus ihnen (2. Kor. 3, 18; 4, 6. 7).

Ihr Umgang hat sie geprägt. Sie hatten es gelernt, trotz aller äußeren nötigen Pflichten und Arbeiten Zeit auszusparen, um mit dem »Auftraggeber« selbst allein zu sein. Das gab dann auch ihrem Tun Kraft und Zielklarheit. Wir brauchen nicht beim Vorletzten stehenzubleiben, sondern sollen Gott selber suchen. Die Begegnung mit ihm wird uns erneuern und umwandeln.

Jesus selbst suchte die Einsamkeit

Im Lärm und im Gefordertsein seiner ausgefüllten Erdentage brauchte auch Jesus Zeiten der Sammlung und des Gebets. Es heißt von ihm:

»Am Morgen, noch vor Tagesanbruch, stand er auf und ging hinaus; und er ging an eine einsame Stätte und betete daselbst« (Mark. 1, 35).

Immer wieder lesen wir ähnliches. Jesus nahm sich Zeit, um mit dem Vater allein zu sein, mit ihm zu reden, bei ihm für Menschen einzutreten und den Willen des Vaters für jede Stunde zu erkennen. Nach arbeitsreichen, ausgefüllten Tagen ging er abseits an einsame Orte oder auf Berge, um allein zu sein mit Gott, weg vom Getriebe, dem Gehabe und den Stimmen der Menschen (vgl. Matth. 14, 23; Luk. 21, 37; Joh. 6, 15).

Jesus wollte den Willen des Vaters tun und seine Führungen erkennen. Weil er hörend im Zentrum des Willens Gottes lebte, konnte er auch vollmächtig und beauftragt handeln. Zwischen seinem verborgenen Umgang mit dem Vater und seinem vollmächtigen Handeln in der Öffentlichkeit bestand der engste Zusammenhang.

Wenn unser Herr solche Zeiten nötig hatte, wieviel mehr wir!

Praktische Gestaltung

Wenn wir uns fragen, *wann* die beste Zeit dafür ist, gibt uns die Bibel einen Hinweis. Die Beter des Alten Testaments suchten Gott in der Frühe (Ps. 5, 4; 63, 2; 90, 14). Wenn nicht besondere Verhältnisse und Pflichten es unmöglich machen, sollten wir unsere Stille Zeit *am Morgen* haben, wenn unser Geist noch frisch und die Welt um uns herum noch ruhig ist. Wenn erst die Arbeit begonnen hat und das Vielerlei des Alltags auf uns einstürmt, wird es schwerer sein, still zu werden. Kein Musiker wird mit dem Stimmen seines Instruments warten, bis das Konzert vorbei ist. Er wird es vorher einstimmen. So sollen auch wir uns einstimmen lassen auf den vor uns liegenden Tag. Am Morgen haben wir ihn noch wie ein unbeschriebenes Blatt vor uns, mit allen seinen Möglichkeiten. Wir können uns ausrichten und wappnen für den geistlichen Kampf, uns im Gebet vorbereiten auf Begegnungen mit Menschen und von Gott Weisung erbitten für alle offenen Fragen. Wer seine Stille Zeit erst am Abend hält, kann nur zurückblicken, aber am Tagesablauf nicht mehr viel ändern. Augustinus nennt die erste Stunde am Morgen nicht umsonst »das Steuer des Tages«. Immerhin ist es aber noch besser, am Abend solch eine Zeit zu haben, als überhaupt nicht.

Es wird uns selbst eine Hilfe sein, wenn wir eine *bestimmte Zeit* für die Stille festsetzen, an die wir uns *täglich*, *regelmäßig* halten. Diesen Zeitraum muß jeder nach seinem individuellen Tagesablauf finden. Treue in der Einhaltung der Stillen Zeit zahlt sich aus, das merken wir in Dürreperioden.

Wenn wir einen *stillen Raum* oder eine *stille Ecke* haben, wo wir ungestört sind und auch laut beten können, hilft das sehr zur inneren Sammlung. Wo die äußere Ruhe und das Alleinsein aber nicht gegeben sind, braucht das trotzdem kein Hinderungsgrund zu sein.

Ein junger Mann, der mit seinem Bruder ein Zimmer teilen

mußte, hat erlebt, daß trotz lauter Radiomusik am frühen Morgen Gott zu ihm sprach und ihm nahe war. Er las seine Bibel eben mit zugehaltenen Ohren. Ein Mädchen, dem von den Eltern verboten wurde, die Bibel zu lesen, fand ein stilles Fleckchen im Hühnerstall und hat dort Gottes Nähe in besonderer Weise erlebt.

Die *Länge* der Stillen Zeit ist bei Anfängern und Fortgeschrittenen verschieden. Am Anfang reichen vielleicht 15 Minuten, später kann es sein, daß man mit einer Stunde nicht mehr auskommt. Die Zeit der Begegnung mit Gott sollte jedenfalls nicht zu knapp bemessen sein. Ich muß mich aufs Hören einstellen können. Wenn ich nur wenig Zeit habe, ist es besser, nicht zu viel hineinzudrängen. Hektik ist nicht förderlich für den Umgang mit Gott.

Die rechte *innere Haltung* ist zunächst das demütige Stillewerden vor dem lebendigen Gott. Ich vergegenwärtige mir, wem ich mich nahe: Gott ist heilig. Vor dem heiligen Gott kann ich nichts verbergen. Ich werde also ehrlich vor Gott und vor mir selbst, lege alle Masken ab und bekenne meine Armut und Schuld. – Was mich bewegt an Sorgen und Freuden, sage ich Gott.

Nun möchte Gott aber auch zu *mir* reden, deshalb muß ich auch auf Empfang schalten. Nur wenn ich aufnahmebereit, erwartend, hungrig nach seinem Wort und seiner Gerechtigkeit bin, kann er mich beschenken. Ein gleichgültiges, sattes, ungläubiges Herz hat keine Verheißung und wird leer bleiben.

Gott will mich leiten im Alltag und in allen Lebensfragen, er zeigt seine Gedanken und gibt seine Pläne zu verstehen; aber nur, wenn ich auch bereit bin, zu gehorchen.

Die *äußere Haltung,* die uns als Geschöpfen Gott gegenüber geziemt, ist das Knien, als Ausdruck der Demut. Gott kommt es aber entscheidend auf unser Inneres an. Die äußere Haltung soll lediglich dazu helfen, daß wir uns besser auf Gott ausrichten und konzentrieren können. Wenn wir aber z. B. müde sind und beim Knien einschlafen, ist es besser, die Körperhaltung zu ändern, zu sitzen, aufzustehen oder sogar hin und her zu gehen.

Der *Verlauf* könnte etwa wie folgt aussehen. Nachdem wir uns gegen Störungen soweit wie möglich abgeschirmt haben, werden wir still und machen uns bewußt, daß wir jetzt vor Gott treten. Zur Sammlung der Gedanken kann es helfen, zunächst ein Gebet oder Lied zu lesen oder zu singen. Manche beginnen damit, daß sie einen Psalm oder die tägliche Losung laut lesen. Lautes, wiederholtes Lesen hilft zur Konzentration und fördert unser Beteiligtsein.

Nach einer Bitte zu Gott um das rechte Verstehen, lesen wir den Abschnitt der fortlaufenden Bibellese und fragen nach der praktischen Bedeutung für den Tag. Meist muß man den Text mehrmals lesen, bis etwas anspricht. Fragen zum Text können dazu anregen, genauer hinzuschauen (vgl. Ein Leben mit der Bibel, S. 34ff.). Wichtige Erkenntnisse schreibe man auf.

Aus dem Gelesenen werden sich für das Gebet schon viele Anregungen zu Dank, Beugung und Bitte ergeben. Fürbitte für Menschen und Situationen; betendes Vordenken des Tages mit dem, was er bringen wird, schließen sich an. Manches können wir konkret nennen; aber auch für unvorhergesehene Ereignisse können wir beten.

Weil wir immer sehr schnell bei den Bitten und bei den Alltäglichkeiten sind und die Grundlage unserer Gemeinschaft mit Gott vergessen, wollen wir uns daran erinnern lassen, daß kein Tag vorübergehen sollte, an dem wir nicht dem Herrn Jesus für sein Werk auf Golgatha gedankt haben.

»Laßt uns, bevor wir aus der Stille vor dem Herrn wieder zu unserem Tagwerk schreiten, darauf achten, daß wir in Anbetung auch wirklich an dem Ort gestanden haben, wo Gott in einmaliger Weise geoffenbart hat, daß er sich danach sehnt, mit uns Gemeinschaft zu haben: auf Golgatha« (A. F. Wilkes).

Verschiedene *Empfehlungen* verdienen Beachtung:

Lange Nächte sind ein Feind der Stille. Deshalb: nicht unnötig lange aufbleiben. Wer abends nicht ins Bett kommt, braucht sich nicht zu wundern, wenn er am nächsten Morgen müde ist. Viele Nachtgespräche sind wirklich überflüssig.

Wer Mühe hat mit dem Wachwerden, sollte sich einen lauten Wecker zulegen, beim Läuten dann aber auch aufstehen. Das Aufstehen ist ein einmaliger Willensakt, den man noch unterstützen kann, indem man sofort nach Erwachen die Bettdecke zurückschlägt. Den Kampf mit der Bettdecke gilt es immer wieder neu aufzunehmen. Kaltes Wasser und ein wenig Frühsport tun ein übriges.

Männer müssen sich dann oft gegen die Versuchung wehren, zuerst zur Tageszeitung zu greifen, deren Schlagzeilen und interessante Artikel nicht gerade die innere Sammlung fördern.

Für die Gedanken und Einsichten, die der Heilige Geist uns aus dem Wort gibt, legen wir uns am besten ein »Stille-Heft« an. Das Aufschreiben trägt zur Klärung bei und hält den Geist frei für Neues. Außerdem hat man gleich Beiträge für den Austausch (s. S. 72). Auch ist es ratsam, während der Stillen Zeit immer Papier und Bleistift zur Hand zu haben, um ganz praktische Dinge aufzuschreiben, die nicht vergessen werden dürfen.

Wenn wir Mühe haben mit äußerer oder innerer Müdigkeit oder mit abschweifenden Gedanken, sollten wir daraus ein Gebet machen und alles unserem himmlischen Vater sagen, der uns auch darin helfen kann.

Abends: »Motor abstellen!«

Jeder vernünftige Mensch wird am Abend, wenn er sein Auto in die Garage fährt, den Motor abstellen. Ihn laufen zu lassen wäre unnötiger Kraftverschleiß. Am nächsten Morgen würde der Sprit verbraucht sein. – Auch wir Menschen haben es nötig, den »Motor« abzustellen und innerlich zur Ruhe zu kommen. Dazu kann uns ein Tagesabschluß, ein Stillwerden vor Gott helfen. Wir blicken zurück auf den vergangenen Tag und geben uns und Gott Rechenschaft über Fortschritte oder auch über Versagen. Dank, Beugung und Bitte, eventuell auch ein Wort Gottes schließen den Tag ab. Wenn der Tag abgeklärt, verarbeitet und an Gott zurückgegeben ist mit all seinen Freuden und Nöten, kann ich im Frieden Gottes einschlafen und ruhen. Dieses Abgeben ist wichtig, weil es die Nacht und auch den nächsten Morgen bestimmt. Es stimmt, daß »die morgendliche Stille Zeit am Abend vorher beginnt«.

Tage der Stille

Neben diesen täglichen Übungen morgens und abends haben es sich manche Christen zur Gewohnheit gemacht, einmal im Monat, einmal alle zwei Monate, zum Abschluß eines Jahres oder zu einem ähnlichen Anlaß einen halben oder einen ganzen Tag der Stille zu haben. Inhaltlich kann er alles enthalten, was im Vorhergehenden anklingt: Rückblick (Rechenschaft) – Vorblick – Gebet – das alles unter Gottes Wort. Solch ein Tag gibt die Möglichkeit, einmal mit Muße ausführlich und intensiv mit Gott allein zu sein. Gott kann dabei in neuer Weise zu uns reden, unserem Leben Tiefgang geben und uns segnen. Wer nicht weiß, wie er solch einen Tag gestalten kann, soll sich an reifere Christen wenden, die ihm Anleitung geben können.

Übung ist nötig

Wie vieles andere im Christsein muß man auch die Stille Zeit lernen und einüben. Jeder muß seine Erfahrungen sammeln und Anfangsschwierigkeiten und Durststrecken überwinden. Gerade der Start macht jungen Christen Mühe, weil sie oft niemanden haben, der sie darin anleitet und ihnen hilft. Nur Mut! Nicht aufgeben! Aus einer neuen Wasserleitung, die zum erstenmal aufgedreht wird, läuft das Wasser zunächst getrübt, schmutzig und rostig. Je länger es aber fließt, desto klarer wird es. So ist es auch in der Stillen Zeit. Wer treu darin ist und dranbleibt, dem werden die Wahrheiten des Wortes und Gottes Nähe immer deutlicher und greifbarer werden. Er wird dadurch erfrischt und gestärkt.

Am besten ist es natürlich, wenn man zeitweise mit einem anderen Christen zusammen Stille Zeit machen kann. Geh auf einen älteren Christen zu und bitte ihn um Hilfe. An manchen Orten treffen sich junge Leute zu zweit oder zu dritt in einer Wohnung. Sie singen miteinander und lesen, jeder für sich, einen Bibeltext. Nach einer Zeit des betenden Nachdenkens teilen sie sich gegenseitig mit, was ihnen auffiel, Freude machte oder eine Mahnung war. Gemeinsames Gebet bildet dann den Abschluß. Solch ein Zusammensein muß nicht lange dauern, aber es hilft gerade den Ungeübten weiter.

2. Ein Leben mit der Bibel

Ein Christ kann nicht ohne Gottes Wort existieren. Es ist die tägliche Nahrung, die zu einem gesunden Wachstum unbedingt nötig ist. Im Wort Gottes sind alle lebenswichtigen Aufbaustoffe enthalten. Genausowenig wie ein Baby ohne regelmäßige und ausreichende Nahrungsaufnahme wachsen kann, so auch ein Christ nicht ohne Gottes Wort. Petrus sagt: »Seid begierig nach der vernünftigen, lauteren Milch wie die neugeborenen Kindlein, auf daß ihr durch dieselbe zunehmet« (1. Petr. 2, 2; vgl. auch Hebr. 5, 11–14).

Viele, die angefangen hatten im Glauben, sind in ihrer Entwicklung zurückgeblieben, verkümmert, manche sogar ›verhungert‹, weil sie nicht gelernt haben, aus dem Wort Gottes ihre Nahrung zu nehmen. Wir alle essen regelmäßig und meist um die gleiche Zeit; genauso regelmäßig sollen wir uns mit dem Wort Gottes nähren.

Viele Fehlentwicklungen und geistliche Freud- und Kraftlosigkeit lassen sich zurückführen auf den mangelnden Umgang mit dem Wort Gottes. Wer das Wort Gottes vernachlässigt, schadet sich selbst und beraubt sich der Kraft und Vollmacht im Leben und im Dienst.

Ein Liebesbrief Gottes

Gott hat uns sein Wort gegeben und sein Wesen und seinen Willen darin mitgeteilt. Wenn wir ihn lieben, werden wir auch sein Wort lieben. Die Heilige Schrift ist gewissermaßen ein Liebesbrief Gottes an uns. Wenn jemand verliebt ist, wird er mit freudiger Erregung und Erwartung jeden Brief, der ankommt, sofort öffnen und lesen, ja er wird ihn wahrscheinlich nicht nur einmal, sondern immer wieder lesen, darüber nachdenken und mit Interesse alles Gesagte und auch das Unausgesprochene zwischen den Zeilen zur Kenntnis nehmen. So wird auch das Wort Gottes uns kostbar und lieb werden (Ps. 119, 97. 103).

Wirkungen des Wortes

Was dieses Wort alles bewirkt, bezeugt es uns selbst und bezeugen Menschen, die es erfahren haben:

- es überführt von Sünde (Apg. 2, 37; 2. Tim. 3, 16. 17; Hebr. 4, 12) und verändert
- es verhilft zu ewigem Leben (1. Petr. 1, 23)
- es wirkt Glauben und ist das sichere Fundament des Glaubens (Röm. 10, 17; Joh. 20, 31)
- es gibt Gewißheit (1. Joh. 5, 13; Matth. 24, 35)
- es dient zur Reinigung (Eph. 5, 25. 26)
- es bewahrt vor Irrtum und Sünde, gibt Kraft zu widerstehen (Ps. 119, 9–11; Matth. 4, 4. 7. 10; Eph. 6, 17; 2. Tim. 3, 13–15)
- es schenkt Freude und Trost (Jer. 15, 16; Joh. 15, 11)
- es macht klug (Ps. 19, 8; 119, 30)
- es gibt Gelingen im Alltag (Jos. 1, 8)
- es macht das Leben fruchtbar (Ps. 1, 3) und bringt durch Dürrezeiten
- es weist den richtigen Weg (Ps. 119, 105)

Hilfen zur Bibellese

Wer Anleitungen zum regelmäßigen Bibellesen sucht, sollte Gebrauch machen von verschiedenen *Bibelleseplänen* mit Erklärungen, z. B. von »Termine mit Gott«, den »Lichtstrahlen« des EC-Verbandes oder von Heften für verschiedene Altersstufen, die der Bibellesebund herausgibt. Wer gern an bestimmten Themenreihen entlanggehen möchte, findet im Aidlinger Bibellesezettel wertvolle Anregungen und kann durch die vielen angegebenen Parallelstellen besser mit seiner Bibel vertraut werden (Adressen S. 121).

Wenn nur der Text vorgegeben ist (z. B. bei den Losungen), können *Fragen,* mit denen man an ihn herangeht, zum Verständnis und zur Anwendung verhelfen.

Luther gab jemandem, der fragte, wie er die Bibel lesen solle, den Rat, nach folgendem »vierfach gedrehten Kränzlein« am Text entlangzugehen:

– Wofür kann ich danken?
– Was muß ich als Schuld bekennen?
– Worum will ich bitten?
– Was muß ich tun?

Der Evangelist Ernst Modersohn stellte sich beim Bibellesen immer drei Fragen:

– Hab' ich das?
– Bin ich das?
– Tu' ich das?

Andere mögliche Fragen: Was hat a) *mein Herr* b) *mir* c) *heute* zu sagen?

Der Bibellesebund schlägt vier Schritte vor:

Beten:
Öffne mir die Augen, Herr, damit ich die Wunder sehe, die dein Wort enthält.

Lesen:
– Was steht da? (Wiedergabe mit eigenen Worten)
– Wo steht Ähnliches? (Parallelstellen)
– Was ist die Hauptsache? (Inneres Ziel des Abschnittes)

– Was freut dich? (Was steht da von Jesus Christus, von Gott dem Vater, vom Heiligen Geist?)

Danken:
– Wofür dankst du jetzt?
– Was trifft dich? (Wo sitze ich fest – schuldig, gebunden? Wie muß sich mein Kurs ändern?)
– Was tun? (Öffentlich, verborgen?)

Beten:
– Worum jetzt bitten? (Für andere – für mich selbst?)

Wenn sich eine bestimmte Methode bei uns festgefahren hat, kann eine Veränderung zu neuer Frische helfen. Auch ist von Zeit zu Zeit Abwechslung nötig. Wichtig bleibt in jedem Fall, daß wir darauf achten, nicht nur Informationen zu sammeln, sondern Anstoß zu persönlicher und praktischer Anwendung zu empfangen. Wir dürfen darum bitten, daß Gott in unsere Situation hinein spricht. – Zur Anwendung verhilft, wenn wir das, was uns wichtig wurde, in einem Gebet zusammenzufassen versuchen. Damit es nicht nur bei unserer schönen, erbaulichen Zeit am Morgen bleibt, sollten wir einen Gedanken oder Vers mit in den Tag nehmen, darüber nachdenken und versuchen, ihn in die Tat umzusetzen.

Bibelstudium

Johannes Busch unterscheidet drei Arten, die Bibel zu lesen, die wir alle drei brauchen. Die erste ist der »Schluck aus der Feldflasche«, den der müde, durstige Wanderer unterwegs zu sich nimmt, z. B. die Bibelworte der täglichen Losungen. Die zweite Art besteht darin, sich satt zu trinken an der Quelle, d. h. einen Bibelabschnitt gründlich vorzunehmen, wie es im vorhergehenden Abschnitt ausgeführt wurde. Die dritte Art nennt er das »verschlingende« Lesen. Damit meint er das Lesen ganzer biblischer Bücher in einem Stück. Dabei entdecken wir Zusammenhänge und Linien, die wir vorher nicht gesehen haben.

Neben der Bibellese in der Stillen Zeit sollten wir uns deshalb in der Woche eine bis zwei Stunden aussparen, in denen wir uns noch ausführlicher mit dem Wort Gottes befassen können. Die dritte Art des Bibellesens, wie Johannes Busch sie beschreibt, oder auch das Erarbeiten von biblischen Begriffen oder Themen mit Hilfe der Konkordanz und des Bibellexikons könnten diese Stunden füllen.

In den letzten Jahren wurden von verschiedenen Seiten Bibelstudienhefte für das Selbst- und Gruppenstudium erarbeitet, die sich als gute Hilfe erwiesen haben (Adressen S. 119)

Auch das Auswendiglernen von Bibelworten sollten wir uns zur Gewohnheit machen. Anleitungen bieten die Navigatoren und Bibel-Memory (Adressen S. 120).

3. Ein Leben des Gebets

Die Jünger kamen eines Tages zu Jesus und baten ihn: »Herr, lehre uns beten!« (Luk. 11, 1). Sie empfanden ihre Mangelhaftigkeit und wollten gerne das Geheimnis des Gebets erfahren. Beten muß man lernen, aber man *kann* es auch lernen: am Beispiel Jesu, von anderen, durch Bücher über das Thema »Gebet«, aber vor allem, indem man selbst damit anfängt. Beten lernt man durch beten. Wer sich nicht von den Einflüsterungen des Teufels und von der eigenen Bequemlichkeit abhalten läßt und im Gehorsam gegen das Wort Gottes betet (Ps. 27, 8), wird mehr und mehr hineindringen und Erfahrungen machen.

Gott fordert uns dazu auf

Gott will, daß wir beten! Immer wieder fordert uns das WoGottes dazu auf: »Rufet ihn an!« (Ps. 50, 15; Jes. 55, 6); »Bittet!« (Matth. 7, 7; Joh. 16, 24); »Betet ohne Unterlaß!« (1. Thess. 5, 17); »Betet stets in allen Anliegen!« (Eph. 6, 18; vgl. auch 1. Tim. 2, 1. 8; 1. Thess. 5, 25 u. a.); »Ihr habt nicht, weil ihr nicht bittet« (Jak. 4, 2).

Gott antwortet darauf

Wenn wir nicht beten, schaden wir uns selbst und halten Gottes Reich auf. Ohne Gebet wird all unser Reden und Tun hohl und kraftlos werden, wird an uns selbst und an anderen nichts wirklich Gutes geschehen. Wir können die Bibel von vorne bis hinten durchlesen: überall finden wir Menschen, die gebetet haben (– und Gott griff ein): Abraham, Mose, Elia, Hanna, David, Daniel usw.

Auch in der Kirchengeschichte waren es die Menschen des Gebets, die Wesentliches vollbrachten. Wir brauchen nur die Lebensbilder von Franz v. Assisi, Luther, Zinzendorf, Wesley, H. Taylor, G. Müller u. a. lesen. Gott hört Gebet!

Erhörliches Gebet

Was sind die Voraussetzungen für erhörliches Beten? Die Bibel nennt sie uns:

– Demut (1. Petr. 5, 5) und das Wissen um unsere innere Armut (Ps. 34, 19; Dan. 9, 18)
– Reinheit (Jes. 59, 1; Ps. 66, 18)

- Vergebungsbereitschaft (Matth. 6, 12)
- Übereinstimmung mit Gottes Willen und Wort (Joh. 14, 13. 14; 15, 7; 1. Joh. 5, 14. 15; Jak. 4, 3)
- Glaube (Mark. 11, 24; Jak. 1, 6)
- Ausdauer und Ernsthaftigkeit (Luk. 18, 1; Jak. 5, 16 b)

Arten des Gebets

Gebet ist nicht nur Bitte oder Fürbitte, sondern äußert sich in großer Vielfalt sowohl inhaltlich, als auch was die Dauer, Form und den Zeitpunkt anbetrifft.

Die *äußere Haltung* kann ganz verschieden sein – z. B. stehend, kniend, der Länge nach hingestreckt (vgl. 1. Mose 18, 16ff.; Ps. 95, 6; 1. Kön. 8, 54; Matth. 26, 39; Luk. 18, 13; Joh. 17, 1; Apg. 20, 36). Entscheidend ist, daß das Äußere dazu beiträgt, daß man sich möglichst ungestört auf Gott ausrichten kann.

Auch der *Inhalt* ist vielfältig:

In einer *Bitte* bringe ich die Anliegen und Dinge, die mich persönlich betreffen und bedrängen, vor Gott und erbitte sein gnädiges Eingreifen.

In der *Fürbitte* trete ich für andere Menschen und deren Nöte vor Gott ein, damit er eingreife und handle. Eine Fürbitteliste mit den Namen von den Menschen, die Gott mir zur Fürbitte ans Herz gelegt hat, von Angehörigen, von Freunden und Bekannten, von Predigern, Missionswerken usw. ist eine gute Erinnerung.

Das Gebet für andere schließt auch das *Segnen* mit ein, d. h. daß wir sie vor Gott bringen und ihnen durch die Liebe, die nur Gott uns schenken kann, Frieden und Gutes wünschen; sei der Betreffende zugegen oder auch an einem andern Ort. Menschen, die segnen, sind eine Wohltat. Andere werden durch sie mit der Gegenwart Gottes in Berührung gebracht. Gerade im Blick auf Feinde oder unsympathische Menschen wird durch das Segnen auch eine bittere Wurzel aus unserem eigenen Herzen gezogen (Matth. 5, 44; 1. Petr. 3, 9). Es entgiftet mich selbst und schafft auch dem anderen Raum zur Änderung, denn der Herr kann zwischen uns wirken. Dieses Segnen können wir noch verstärken, indem wir ihnen ganz praktisch Gutes tun und damit das Böse überwinden (Röm. 12, 20. 21). Wer Autofahrer ist, hat viele Gelegenheiten dazu. Statt zu schimpfen, segne, wenn dir die Vorfahrt genommen wird. Auch schwierige Menschen, mit denen man Tag für Tag zu tun hat an der Arbeitsstelle oder hinter dem Schreibtisch, dürfen wir im Stillen segnen – und Gott wird das Böse in ihnen entschärfen. Eine Aufgabe, die wir als Christen haben, ist, in diesem Sinn »Blitzableiter« zu sein und damit den Willen unseres Herrn zu tun.

Das *Dankgebet* nimmt eine besondere Stellung ein: Niemals ist ein Kind Gottes so froh, als wenn es spontan und von Herzen seinem Vater danken kann. Gott freut sich über Dank. Es wäre unsere Schuldigkeit, für alle erkannten Erweise der Güte Gottes unseren Dank zu bringen.

Von Natur aus sind wir aber vergeßliche und undankbare Kreaturen, deshalb müssen wir es lernen und üben, Gott unseren Dank zu sagen. Immer wieder fordert uns Gottes Wort auf, daß wir danken sollen (vgl. Ps. 50, 23; Ps. 92, 2–3; Eph. 5, 20; Phil. 4, 6 u. a.). »Im Danken kommt Neues ins Leben hinein!« Wer dankt, erinnert sich an vergangene Wohltaten Gottes und empfängt daraus neue Freude und Hoffnung. Wer dankt, wächst im Glauben. Undank verfinstert und macht mürrisch. Eine Dankesliste oder ein Heft, in das Erfahrungen der Güte Gottes notiert werden, hat viele schon in Zeiten der Dürre getröstet und ermutigt. – Aber nicht nur für Gutes sollen wir lernen zu danken, sondern auch für Gegebenheiten und Ereignisse, die uns Not machen, über die wir lieber klagen und seufzen würden. »Saget Dank *allezeit* und für *alles!*« lesen wir in der Heiligen Schrift.

Das Geheimnis hinter diesem Wort ist: Gott plant *alle* Dinge zu unserem Besten. Und ein Danken mitten in großer Not kann uns plötzlich diese Liebe erkennen lassen.

Während wir beim Danken an die Gaben denken, die wir empfangen, umfaßt das *Lob* Gottes das Rühmen seines Wesens, seiner Taten und Macht. Wir sind dazu berufen, Gott zu loben mit unserem Leben und unseren Lippen (Ps. 34, 2; Eph. 1, 12). Lob wendet sich von den irdischen Gegebenheiten weg zu Gott und seinen unerschöpften Möglichkeiten hin. Lobpreis befreit von dem Druck der Umstände und ebnet Gott den Weg zum Eingreifen (2. Chron. 20; Apg. 16, 25). Wo einer anfängt, Gott zu loben, bleiben die anderen nicht unberührt. Gottes Größe beeindruckt und ermutigt sie. Sie werden mit hineingenommen in Gottes befreiendes Handeln (Ps. 34, 3). Lob und Glaube wirken genau so ansteckend wie Unglaube, Klagen und Jammern.

Dank und Lob sind nicht zuerst eine Sache des Gefühls oder der Umstände, sondern des Willens im Gehorsam, deshalb sagt David: »Ich *will* den Herrn loben allezeit, sein Lob soll immerdar in meinem Munde sein« (Ps. 34, 2).

Hier folgen noch zwei Lobgebete als Anregung für uns selbst:

Gelobet sei der Name Gottes von Ewigkeit zu Ewigkeit, denn ihm gehören Weisheit und Stärke! Er ändert Zeit und Stunde; er setzt Könige ab und setzt Könige ein; er gibt den Weisen ihre Weisheit und den Verständigen ihren Verstand. Er offenbart, was tief und verborgen ist; er weiß, was in der Finsternis liegt, denn bei ihm ist lauter Licht. Ich danke dir und lobe dich, Gott meiner Väter, daß du mir Weisheit und Stärke verliehen und jetzt offenbart hast, was wir von dir erbeten haben; denn du hast uns des Königs Sache offenbart (Dan. 2, 20–23).

Nach dieser Zeit hob ich, Nebukadnezar, meine Augen auf zum Himmel, und mein Verstand kam mir wieder, und ich lobte den Höchsten. Ich pries und ehrte den, der ewig ist und dessen Reich für und für währt, gegen alle, die auf Erden wohnen. Und niemand kann seiner Hand wehren noch zu ihm sagen: Was machst du? Darum lobe, ehre und preise ich, Nebukadnezar, den König des Himmels; denn all sein Tun ist Wahrheit, und seine Wege sind recht, und wer stolz ist, den kann er demütigen (Dan. 4, 31–32. 34).

Vgl. auch 2. Mose 15, 1–18; 1. Chronik 29, 11–13; 2. Chronik 20, 6; Psalm 89, 1–19; Römer 11, 36; Kolosser 1, 15–20; 1. Timotheus 6, 14–16.

Während das Lob Gottes immer auch ein Zeugen andern gegenüber ist, wird die *Anbetung* Gottes sowohl in der Gemeinde wie im Verborgenen in besonderer Weise geschehen; hier ist immer ein Mensch im Innersten ganz Gott zugewandt.

»Anbetung ist das fehlende Juwel in evangelikalen Kreisen«, sagt A. W. Tozer. Es ist nötig, daß wir Anbetung lernen, denn Gott sucht Menschen, die ihn im Geist und in der Wahrheit anbeten (Joh. 4, 21–24). Was ist Anbetung eigentlich? Anbetung ist ein Ausdruck der tiefen Ehrfurcht und Liebe. Sie geschieht durch Menschen, die still wurden vor Gott und das Staunen lernten über seine Größe, seine Allmacht, seine Heiligkeit und sein tiefes Erbarmen – die sein Eingreifen erlebten. Da gibt ein Geschöpf dem Schöpfer die Ehre, überwältigt von seinem Wesen, seiner Reinheit, seiner Güte, seiner unendlichen Barmherzigkeit. William Temple hat das so umschrieben:

»Anbetung ist die Hingabe unseres ganzen Wesens an Gott. Sie ist die Schärfung des Gewissens durch seine Heiligkeit, das Genährtwerden des Geistes mit seiner Wahrheit, die Reinigung unserer Vorstellungswelt durch seine Schönheit, das Öffnen des Herzens für seine Liebe, die Übergabe des Willens für seine Ziele. Sie ist die selbstloseste Bewegung, deren die menschliche Natur fähig ist, und zugleich auch das entscheidende Heilmittel für die Ichbezogenheit, die unsere Ursünde und die Quelle aller gegenwärtigen Sünden ist.«

Das himmlische Heer betet Gott beständig an (Neh. 9, 6; Ps. 29, 1. 2), und vor dem Thron Jesu wird in Zukunft alles anbeten (Offb. 5, 14; Offb. 15, 4).

Und wenn die Gestalten gaben Preis und Ehre und Dank dem, der da auf dem Throne saß, der da lebt von Ewigkeit zu Ewigkeit, fielen die vierundzwanzig Ältesten vor dem, der auf dem Thron saß, und beteten den an, der da lebt von Ewigkeit zu Ewigkeit, und legten ihre Kronen nieder vor dem Thron und sprachen: Herr, unser Gott, du bist würdig, zu nehmen Preis und Ehre und Kraft; denn du hast alle Dinge geschaffen, und durch deinen Willen haben sie das Wesen und sind geschaffen (Offb. 4, 9–11).

Anbetung gebührt nur Gott allein (nebst Joh. 4, 21–24 auch Offb. 19, 10; Offb. 22, 8. 9; die Anbetung Gottes in Jesus auf Erden: Matth. 2, 2; Joh. 20, 28). Anbetung und Lob durch Maria, die Mutter Jesu (Luk. 1, 46–55).

Die Psalmen sind voll von Lob und Anbetung Gottes; öfter finden wir einen Aufruf zur persönlichen Anbetung an die Gemeinde (Ps. 95) und Hinweise auf die Anbetung in der Stille (Ps. 65, 2).

Beispiele für persönliche Anbetung Gottes durch Psalmbeter: in den Psalmen 9, 16, 18, 21, 30, 40, 51, 63, 71, 138.

Regelmäßigkeit

Es ist gut, wenn wir regelmäßige Zeiten des Gebets haben. Regelmäßigkeit ist eine Hilfe. »Daniel fiel dreimal am

Tage nieder, um zu beten« (Dan. 6, 11). »Petrus und Johannes gingen hinauf in den Tempel um die neunte Stunde, da man pflegte zu beten« (Apg. 3, 1). Claus Harms meint mit Recht: »Wer nicht zu bestimmten Zeiten betet, betet auch nicht zu unbestimmten.« – »Halte die Ordnung, und die Ordnung hält dich!«

Ständiges Gebet

Kinder Gottes haben das große Vorrecht, jederzeit und überall Verbindung mit dem himmlischen Vater aufnehmen zu können. Wir dürfen aus allem ein Gebet machen. Gott hört unsere Stoßseufzer unterwegs, bei der Arbeit, im Auto, oder wo immer wir uns befinden. »Der Geist Gottes vertritt uns mit unaussprechlichem Seufzen, wo wir nicht wissen, was wir beten sollen« (Röm. 8, 26). Das gilt auch für Zeiten größter Not, wenn das Beten zu schwer scheint. Paulus fordert uns auf, »ohne Unterlaß zu beten« (1. Thess. 5, 17), d. h. immer neu die Verbindung mit Gott aufzunehmen. Auch das muß man üben. C. H. Spurgeon konnte im Rückblick auf zwei vergangene Jahre sagen, daß er von keiner Viertelstunde wüßte, in der er nicht gebetet hätte. Solch ein Beispiel will keine entmutigende Forderung sein, sondern ein Ansporn – ob zu regelmäßigen Zeiten oder ganz spontan mitten im Alltag –, Gebrauch zu machen von dem wunderbaren Vorrecht des Gebets.

»Laßt uns hinzutreten mit Freudigkeit zum Thron der Gnade, auf daß wir Barmherzigkeit empfangen und Gnade finden auf die Zeit, wenn uns Hilfe not sein wird« (Hebr. 4, 16).

4. Ein Leben des Gehorsams und der Disziplin

Eine Frucht des Geistes Gottes ist Selbstbeherrschung (Gal. 5, 22). Wenn wir Jesus verbindlich nachfolgen, werden wir lernen, mehr und mehr in der Zucht des Geistes zu leben. Disziplin und Übung sind nötig, um weiterzukommen in der Heiligung. Gott hat uns von der Macht des Bösen befreit und uns die Möglichkeit eröffnet, in einem neuen Leben zu wandeln. Das Neue ereignet sich aber nicht automatisch. Wir müssen es »anziehen«, unsere Glieder zum Gehorsam hergeben und einsetzen. Es ist nötig, dem Bösen zu widerstehen und sich Gott zu nahen und seinen Willen zu tun (Röm. 6, 6. 11. 12–14; 8, 2. 12. 13; Eph. 4, 22. 25; Kol. 3, 5. 8. 12; vgl. Eph. 4, 22–6, 9 und Kol. 3, 1–4. 6 in der praktischen Anwendung).

Übung

Je nach Erziehung und Veranlagung fällt es dem einen schwerer und dem anderen leichter, diszipliniert zu leben. Wer von Natur aus sehr gründlich und ordnungsliebend ist, muß achtgeben, daß er sich nicht über andere erhebt und nicht Sklave seiner eigenen Grundsätze wird. Die Mehrzahl der Menschen hat es heute aber nötig, Disziplin zu lernen, weil die Zeitströmungen zum Gegenteil hintendieren. Selbstbeherrschung gewinnt man durch Übung, d. h. durch viel Kleinarbeit. Nach R. S. Taylor bedeutet Disziplin lernen »tausend kleine Schritte tun«. Es wird auf diesem Weg auch Stolpersteine geben. Wenn man dann hingefallen ist, gilt es wieder aufzustehen und weiterzugehen und nicht resigniert liegenzubleiben. Ratsam ist es auch, sich nicht zuviel auf einmal, sondern ein Gebiet nach dem anderen vorzunehmen, sonst werden wir schnell verzagt sein. Also: nur an einem Ende beginnen! Die Wurst wird normalerweise ja auch in Scheiben gegessen.

Die vorhin genannten Bibelstellen und die folgenden Fragen nennen einige der Übungsfelder:

Äußere Haltung

Bin ich nachlässig im Blick auf mein Äußeres oder überbesorgt? Welchen Eindruck mache ich auf andere? (nervös? schlaff? weichlich? steif? hochnäsig? selbstgerecht? unordentlich? usw.). Welche schlechten Angewohnheiten sollte ich abstellen? Ist mein Äußeres der Ausdruck meines inneren Zustandes?

Innenleben

Übe ich mein *Denken,* oder bin ich zu träge und lasse andere für mich denken? Was sollte ich für meine Weiterbildung tun? Was lesen? Womit mich noch näher befassen? Denke ich nur an mich oder auch für andere (Phil. 2, 4)? Übe ich mich darin, Gutes zu denken (Phil. 4, 8)? Welche verkehrten Gedanken muß ich »gefangennehmen« und Christus unterordnen (2. Kor. 10, 5)?

Unterdrücke ich mein *Fühlen,* oder bewerte ich es zu hoch? Lasse ich mich von meinen Stimmungen beherrschen? Lasse ich mich durch Unlust von nötigen Pflichten abhalten? Was kann ich gegen falsches Mitleid und Selbstmitleid tun? An welchen Punkten muß ich dem schwächlichen Sich-gehen-Lassen bei mir und anderen entgegentreten? Kann ich meinen Empfindungen Grenzen setzen (1. Petr. 1, 13), oder lasse ich meiner Phantasie freien Lauf?

Wo muß sich mein *Wollen* entwickeln, anstatt den Weg des geringsten Widerstandes zu gehen? Wie kann das geschehen? Wo muß ich nachgiebiger werden, statt stur und eigenwillig meine Wege zu gehen? Setze ich meinen Willen dafür ein, Gottes Willen zu tun?

Meist lassen wir uns bestimmen von unseren Gefühlen, die sehr wechselhaft sind und abhängig von vielerlei Umwelteinflüssen. Auf Gefühle kann man sich nicht verlassen.

Unser Denken sagt uns oft das Richtige, aber wir handeln nach Gefühl, obwohl wir es besser wissen.

Macht über beide Bereiche kann jedoch der Wille ausüben. Fühlen und Denken müssen sich dem Willen beugen. Er ist die eigentliche Schaltzentrale für unsere Entscheidungen und Taten. Deshalb ist es wichtig, ihn zu üben. Ausgerichtet an den Maßstäben Gottes ist er das Mittel zum Gehorsam. Der letzte Hintergrund für Ungehorsam ist nicht mangelnde Logik oder Unfähigkeit, sondern Unwilligkeit.

Mein Reden

Rede ich zu viel oder vorschnell und lasse andere nicht zu Wort kommen, oder kann ich warten? Rede ich zweideutiges oder viel unnützes Zeug? Verletze ich andere durch meine bissigen oder geringschätzigen Bemerkungen? Wen sollte ich auch mal loben, statt ständig zu nörgeln? Rede ich hinter dem Rücken anderer? (Gute Regel: Nur das über jemanden vor Dritten sagen, was man auch in seiner Gegenwart sagen würde.) Wo bin ich durch Schweigsamkeit ein Hindernis? Was könnte ich tun, damit es anders wird?

Ordnung zu Hause

Wie sieht es in meinem Zimmer, im Bad, in meinen Schränken und Schubladen, auf meinem Schreibtisch usw. aus?

Leben mit Gott

Halte ich täglich Stille Zeit? Lese ich regelmäßig die Bibel? Gehorche ich Gottes Mahnen gerne, ganz und schnell?

Zeiteinteilung

Nehme ich mir Zeit für Gott und sein Reich und für andere, oder denke ich nur an mich? Nutze ich meine Zeit, oder vertrödle und verträume ich die Tage (Eph. 5, 16. 17)? Was muß ich lassen, weil es mir Zeit stiehlt? Bin ich pünktlich bei Zusammenkünften, oder komme ich regelmäßig zu spät? (Unpünktlichkeit ist Diebstahl an der Zeit der anderen!)

Arbeit

Arbeite ich sorgfältig, gründlich und zielbewußt? Kann man sich auf meine Arbeit verlassen? Schiebe ich schwierige Aufgaben auf die »lange Bank«? Kann ich unvorhergesehene Schwierigkeiten positiv auffangen?

Lebensstil

Gehe ich pünktlich schlafen, stehe ich pünktlich auf? Achte ich auf meine Gesundheit, auf körperliche Betätigung, auf den rechten Ausgleich zur Arbeit? Esse ich richtig (d. h. regelmäßig, langsam, genügsam, ausreichend), oder bestimmen mich meine Gelüste?

Frage ich bei Anschaffungen und Geldausgaben nach Gottes Willen, oder kaufe ich mir unnötige Dinge, die »man« heute eben hat? Gebe ich gerne für Gottes Reich?

Bestimmen mich die augenblicklichen gesellschaftlichen Normen, oder richte ich mich nach Gottes Maßstäben? Kann ich warten? Kann ich verzichten? Ist mir Gottes

Verherrlichung wichtiger als meine eigene Befriedigung?

Beziehung zu anderen

Nehme ich mir genügend Zeit für meine Familie? Gehe ich auf andere zu, oder bleibe ich in meinem Schneckenhaus? Bin ich bereit, anderen zu helfen? Bin ich bereit zur nötigen Distanz dem anderen Geschlecht gegenüber, oder begebe ich mich aus Übermut, Leichtfertigkeit oder Sentimentalität in ungute Abenteuer? Wo muß ich mich von Menschen trennen, weil die Verbindung mir schadet? Bin ich eigenwillig, stur und rechthaberisch, oder kann ich auch nachgeben, auf andere hören und ihre Kritik dankbar annehmen (vgl. Spr. 15, 32)?

Meist sehen wir nach solch einer Liste nur das Negative, unsere Unmöglichkeiten, unsere Unfähigkeit und den riesigen Berg, der zu bewältigen ist. Dann wird Disziplin leicht zu einer drückenden Last. Gott möchte aber nicht, daß wir entmutigt vor unserer Unterbilanz stehen, sondern die verschiedenen Bereiche als Aufgabe positiv verstehen lernen. Er traut uns zu, daß wir sie bewältigen und wird uns ständig mit allem ausrüsten, was dazu nötig ist (2. Petr. 1, 3; 2. Tim. 1, 7). Er erwartet auch nicht Änderung in allem von heute auf morgen, sondern daß wir treu im Kleinen beginnen, eins um das andere vornehmen und in seiner Kraft wachsen.

5. Ein Leben des Dienstes und der Demut

Wer Jesus verbindlich nachfolgt, wird lernen zu dienen. Jesus sagt von sich:

»Des Menschen Sohn ist nicht gekommen, daß er sich dienen lasse, sondern daß er diene und gebe sein Leben zu einer Erlösung für viele« (Matth. 20, 28).

Diesem Herrn, der die Füße wusch (Joh. 13, 1–11), möchte der Jünger ähnlich werden. Deshalb wird er »alles, was er tut, von Herzen dem Herrn tun und nicht den Menschen« (Kol. 3, 23), gerade die niedrigen und unscheinbaren Dinge, die keiner sieht und beachtet, um die Gott aber weiß. Er wird gerne den Jugendraum richten, wird aufräumen oder zusammenfegen, wenn alle anderen schon gedankenlos davongelaufen sind. Er wird zu Hause der Mutter beim Abwasch helfen, um Jesu willen. Er wird seine Arbeiten ordentlich erledigen. Er wird nicht den Staub in eine Ecke oder unter den Teppich fegen, sondern sich die Mühe machen, die Schaufel zu holen und sich zu bücken. So, wie sein Meister sich erniedrigte und demütigte in ganz praktischen Dingen, wird auch er sich beugen wollen. So wächst die Gesinnung Jesu in ihm (Phil. 2, 5–8). Er wird sich immer wieder demütigen unter die »gewaltige Hand Gottes«, weil er weiß, daß »Gott den Hochmütigen widersteht, den Demütigen aber Gnade gibt« (1. Petr. 5, 5–6).

Gott wird uns im Alltag genügend Gelegenheiten geben, diese beiden Eigenschaften zu üben.

6. Ein Leben des Zeugnisses

Gott hat uns gerettet; wir können nicht selbstsüchtig unser Heil genießen, sondern müssen es anderen mitteilen

(Mark. 16, 15; Joh. 15, 5–8. 16; 2. Kor. 5, 15. 20). Es ist ganz natürlich, daß wir den anderen erzählen, wovon wir erfüllt sind (Matth. 12, 34; Apg. 4, 20). Sind wir von Jesus erfüllt, so werden wir ungezwungen und freudig von ihm reden. Wir brauchen nur das weiterzugeben, was wir selbst erlebt haben. Wenn wir um Gelegenheiten dazu beten, wird Gott sie uns schenken, sei es im Bekanntenkreis, an der Arbeitsstelle, in der Schule oder unterwegs. Wer schüchtern ist, fange damit an, Traktate weiterzureichen. »Bitteschön, hier habe ich etwas zum Lesen für Sie!« wird auch ein Ungeübter sagen können. Viele gute Situationen lassen wir ungenutzt verstreichen. Wenn wir jemandem eine Gefälligkeit getan haben, werden die Menschen gerne ein Traktat annehmen, auch z. B. im Laden, nachdem wir eingekauft haben, oder wenn uns jemand nach dem Weg fragte und wir ihm helfen konnten. Dazu muß ich allerdings auch immer einige Schriften bei mir haben.

Wenn wir Jesus bekennen, werden wir selbst beschenkt und werden froh, denn er bekennt sich auch zu uns (Matth. 10, 32f.). (Vgl. auch »Gemeinsamer Dienst« S. 99.)

7. Ein Leben in der Wahrheit und Reinigung

Der Jünger wird sich von Gott immer wieder die Wahrheit über sich selbst sagen lassen, auch die unangenehme. Er wird ehrlich werden und sich Gott stellen, sein Versagen und seine Schuld zugeben und bekennen. Er wird sich immer neu reinigen lassen von seinen Sünden, damit er in ungetrübter Gemeinschaft mit Gott weitergehen kann (1. Joh. 1, 5–10) (s. S. 59ff.).

III. Verwirklichung im Miteinander

Die Auswirkungen unseres verbindlichen Lebens mit Gott als einzelne zeigen sich konkret, greifbar und hautnah innerhalb der Gemeinschaft, in die Gott uns stellt. Im Miteinander lernen wir in besonderer Weise unseren Alltag von Gott und seinem Wort her durchdringen und gestalten zu lassen. Wir dürfen uns gegenseitig helfen, daß die Kraft des Evangeliums in unserem Leben sichtbar wird und Gestalt gewinnt anderen zum Segen. Gott möchte alle unsere Lebensbereiche durchdringen und erneuern. Das »Wie?« soll im Folgenden etwas deutlicher werden.

1. Bleiben am Wort

Von den ersten Christen lesen wir:

»Sie blieben aber beständig in der Apostel Lehre . . .« (Apg. 2, 42).

Paulus schreibt an die Kolosser:

»Lasset das Wort Christi reichlich in euch wohnen; lehret und vermahnet euch selbst in aller Weisheit mit Psalmen und Lobgesängen und geistlichen Liedern« (Kol. 3, 16).

Auch aus vielen anderen Stellen sehen wir, daß die ersten Christen im kleineren oder größeren Kreis Gottes Wort miteinander studierten oder der Verkündigung lauschten (z. B. Apg. 17, 11; 18, 24–28; 20, 7ff. usw.). Unter der Überschrift »Ein Leben mit der Bibel« (S. 32) wurde schon näher ausgeführt, welche Wirkungen das Wort Gottes hat. Was dort für den einzelnen Christen gesagt ist, gilt auch für das Miteinander und wird hier in besonderer Weise fruchtbar. Ohne Wort Gottes kann kein Kreis gesund wachsen und weiterkommen. Deshalb sollte in jeder Gruppe, erst recht in einem Mitarbeiterkreis, die Bibel ihren festen Platz haben.

Bibelgespräch

Jeder sollte sich beteiligen und seinen Beitrag geben können. Oft wird die Erkenntnis des einen zur Verkündigung für den anderen, wenn in der Bibel nach Schätzen gegraben wird. Das weithin übliche Einmann-Prinzip und »Bedienungssystem« muß durchbrochen werden, damit die einzelnen Glieder eines Kreises lernen, sich zu beteiligen, und dadurch in ihrem Glaubensleben wachsen und reifen. Der Verantwortliche muß sich in seinem eigenen Reden zügeln und den anderen Gelegenheit geben, sich zu äußern. Am besten trägt er dazu bei, wenn er das, was er sagen will, zu Fragen oder Impulsen umformuliert, die den einzelnen dazu anregen, selber Entdeckungen im Wort zu machen. Dauerredner in einem Kreis muß er höflich bremsen, die Schüchternen dagegen ermutigen, auch etwas zu sagen. Er soll in jedem Fall verhindern, daß jemand wegen einer ungeschickten Äußerung ausgelacht wird, und dem Betreffenden beistehen.

Konkret, persönlich, praktisch, anschaulich

Neben dem Bibelgespräch behalten natürlich auch die *Verkündigung* durch einen Beauftragten oder ein *weiterführendes Referat* ihre Bedeutung und Aufgabe.

Inhaltlich sollten sich biblische Lehre (Dogmatik) und Fragen der praktischen Lebensgestaltung (Ethik) die Waage halten. Spekulativ-theoretische Erörterungen vermeidet man am besten, weil sie niemandem wirklich helfen. Die Bibel ist ein konkretes, praktisches und persönliches Buch. Diese Merkmale sollten neben der Verkündigung auch die Beiträge bei einem Bibelgespräch und beim Bibelaustausch kennzeichnen. Überfütterung mit allgemeinen, abstrakten und unverbindlichen Wahrheiten wirkt lähmend und tötend.

Wir sollten uns auch immer wieder überlegen, wie wir durch Beispiele, Geschichten, Gegenstandslektionen, Skizzen usw. anschaulich und damit einprägsam verkündigen und lehren können.

Fragen im Bibelgespräch

Die Fragen zu einem Text sollten in einem ausgewogenen Verhältnis stehen:
Fragen der *Beobachtung* (Wer? Wo? Wann? Was? Wie? Warum? Was dann? Kontext? Form? Aufbau? Bilder, Vergleiche? Wichtige Worte? usw.),
Fragen der *Deutung* (Schlüsselworte? Damalige Bedeutung? Bleibende Bedeutung? Wesentliche Punkte?) und
Fragen der *Anwendung* (Was heißt das heute? Für mich? Wie und wo kann ich das anwenden? usw.).

Gute Fragen sind klar, kurz und leicht verständlich. Sie nötigen, genau hinzusehen und den Text zu studieren, regen Denken und Urteilskraft an und führen zu einer gültigen, wertvollen Antwort. Sie fördern den Verlauf des Gesprächs und helfen zur Anwendung im persönlichen Leben.

Schwache Fragen: sie sind zu kompliziert oder zu allgemein oder haben keinen Bezug zum Hauptanliegen. Sie führen zu schablonenhaften Antworten; sind zu einfach oder überfordern die Teilnehmer; führen zu Spekulationen und Nebensächlichkeiten (nach A. Lum/R. Siemens).

Bibelarbeit mal anders

Zur Abwechslung ist es gut, mal eine andere Methode anzuwenden. Hier einige Anregungen:

- Für Texte mit viel Handlung (z. B. aus den Evangelien) eignet sich das *Warum?-Fragen*. Aufgabe ist es, möglichst viele »Warum?«-Fragen anhand des Textes zu bilden (in Zweiergruppen); z. B. Matthäus 14, 22–33: Warum trieb Jesus seine Jünger? Warum stieg er auf einen Berg? usw. Die Fragen werden vorgelesen, gesammelt und nach Wichtigkeit geordnet. Dann wird im Miteinander versucht, auf die Fragen die richtige Antwort zu finden.

- Eigene *Übertragung des Luthertextes:* Alle wesentlichen Worte werden verändert und modernisiert. Aufgabe in Kleingruppen erledigen. Vortrag und Besprechung im großen Kreis. Was ist besser und warum? (bei textgleicher Aufgabenstellung).

- *Fallbesprechung* – selbsterfundene oder aus einem Buch vorgelesene Alltagssituationen, Konflikte o. ä., z. B. Thema: Ehrlichkeit, Notlüge, Versuchung zum Diebstahl, Verstrickung in Lüge usw.

  a) Erzählung bis zum Entscheidungspunkt; b) Frage: »Was hätte ›XY‹ tun können?«; c) Auswertung der Antworten, Aufzeigen der einzelnen Konsequenzen (weiterdenken); d) Was sagt die Bibel? (Studium eines Themas, ähnliche Situation bei biblischen Gestalten, Verkündigung oder Gespräch).

- *Gespräch mit Gott* – ist dann angebracht, wenn in der Gruppe durch zu starke intellektuelle oder methodische Beschäftigung mit dem Text das persönlich-geistliche Moment verlorengegangen ist. Jeder Teilnehmer liest für sich allein den Text, läßt sich darüber anregen zum Gespräch mit Gott; die Antworten-Gebete können aufgeschrieben werden (Dank, Bitte usw.). Für diesen ersten Teil des stillen Gesprächs mit Gott sollten mindestens 15 Minuten eingeräumt werden. Danach könnte ein persönlicher Austausch in Kleingruppen folgen mit Gebetsgemeinschaft als Abschluß.

2. Gemeinsames Gebet

Gemeinsames Gebet ist eine der wesentlichen Quellen für die Kraft und Einheit einer Gruppe.

Es sollte an keinem Bibelabend fehlen; es vertreibt Streitsucht und hilft – von aller bloß gedanklichen Beschäftigung mit der Bibel – zum Stehen vor Gott, zur Begegnung mit ihm selbst. Aber auch in der persönlichen Stillen Zeit sollten wir füreinander beten, aneinander denken.

Die Bedeutung des Gebets, auch verschiedene Formen des Gebets wurden schon behandelt (S. 38). Was dort gesagt wurde, gilt auch für das gemeinsame Gebet.

Regelmäßig

An manchen Orten treffen sich junge Christen täglich morgens oder abends zu zweit oder zu mehreren für eine kurze Zeit zum Gebet. Wünschenswert ist ein richtiger Gebetsabend (1–1 1/2 Stunden), zu dem alle eingeladen sind. Besonders der Leiter wird Gott darum bitten, daß er Freude zum Gebet schenkt und alle gerne dabei sind.

Praktische Anregungen

Es gibt ganz praktische Tips, die zur Beteiligung und Konzentration helfen:

– Die einzelnen Gebete sollen *kurz* sein (so können sich viele beteiligen, und auch Neulinge bekommen Mut, ein Gebet zu sprechen).
– Passende *Lieder* und *Gottesworte* (z. B. Gebetsverheißungen) am Anfang und zwischendurch geben neue Anregungen und lockern auf.
– Konkrete *Gebetsanliegen* (aber nicht zu viele auf einmal) helfen zu konkretem Beten. (Der Leiter hat hier auch die Aufgabe, den Blick zu weiten über den eigenen Kreis und Ort hinaus auf Deutschland und die Arbeit der Mission in aller Welt – Information ist nötig!).
– Aufteilung des Kreises in *kleinere Gruppen* von zwei oder drei Personen. (Nach einer nicht zu langen Zeit ein Lied anstimmen; neue Gebetsanliegen nennen; Wechsel der Partner, Leiter nennt weitere Anliegen, und jeder betet für sich im Stillen – oder wieder Gebet in der ganzen Gruppe.) Abwechslung belebt; – das Danken nicht vergessen (Kol. 4, 2)!

Alle Arten des Gebets: (S. 37ff.) Bitte, Fürbitte, Segnen, Dank, Lob, Anbetung werden je nach Situation auch in der Gebetsgemeinschaft wiederkehren. Der Leiter eines Kreises sollte bemüht sein, den Kreis über das Bitten für die eigenen Anliegen hinaus zu echter glaubender Fürbitte und zu Dank, Lob und Anbetung zu führen.

Vorbereitung

Gebet braucht Vorbereitung. Der Leiter muß sich innerlich und auch ganz praktisch vorbereiten (Texte, mögliche

Lieder, Informationen). Auch die Teilnehmer sollen lernen, nicht einfach in die Gebetsgemeinschaft hineinzustürzen, sondern sollten sich schon auf dem Weg dahin darauf ausrichten und Hände, Herz, Motive und Gefühle reinigen lassen (Jak. 4, 8–10).

Grundvoraussetzungen

Grundvoraussetzung für eine lebendige Gebetsgemeinschaft ist ganze *Aufrichtigkeit* vor Gott und voreinander. Gebet muß echt sein und das ausdrücken, was man wirklich meint. Wo nur alte Schallplatten ablaufen mit den gleichen frommen Worten, das Herz aber fehlt, wird das Beten zum Selbstgespräch und eine kalte, unerquickliche Sache. Wenn Sünde, Groll, Bitterkeit oder Unversöhnlichkeit im Herzen der einzelnen sitzen, ist gemeinsames Gebet unmöglich. Diese Dinge müssen ausgesprochen und in Ordnung gebracht werden. Ein richtiger Leiter hat ein Gespür für solche »atmosphärischen Spannungen« und wird in Weisheit und Liebe, aber auch mit Bestimmtheit diese Dinge angehen, sei es im Kreis oder im persönlichen Gespräch. *Offenheit* und *Vertrauen* zueinander sind ebenfalls wichtige Voraussetzungen für das gemeinsame Gebet. Nur wo man weiß, daß man grundsätzlich angenommen ist, daß z. B. auch eine ungeschickte persönliche Äußerung richtig aufgenommen wird, besteht die Freiheit, auch persönliche Nöte zu äußern. Da wird man z. B. sagen können, daß man »fertig« ist, keine Kraft und keine Lust zum Gebet hat, daß man aber trotzdem lernen möchte, gerade jetzt zu beten.

Verschwiegenheit nach außen ist eine andere wichtige Notwendigkeit. Persönliche Anliegen und Nöte, die der einzelne im Blick auf sich selbst und andere mitteilt, sind nicht für die Öffentlichkeit bestimmt. Ein Kreis muß dichthalten, oder Offenheit, Vertrauen und Konkretion werden schwinden.

Einheit und *Einmütigkeit* sind weitere Voraussetzungen für erhörliches Gebet. Gott gibt einen besonderen Segen, wenn eine Gruppe wirklich eins ist (Matth. 18, 19). »Je größer die Einheit, desto größer die Vollmacht.« Wenn ein Orchester richtig und wohlklingend spielen will, müssen alle Instrumente gestimmt werden auf denselben Ausgangston (Reinigung). Alle Spieler müssen außerdem die Noten des gleichen Stückes haben und spielen (das gleiche Anliegen). Beim Spielen selbst blicken sie ständig auf den Dirigenten (Jesus). Sie spielen alle im gleichen Takt und hören aufeinander.

Glaube und *Erwartung* sind nötig. Wo kein Glaube ist, wird Gebet sinnlos. Fehlender Glaube muß als Sünde und Hindernis für Gottes Handeln erkannt und bekannt werden. Der Leiter wird darauf achten müssen, daß nicht nur gebetet wird, weil es üblich ist und weil es das Gewissen beruhigt, obwohl weder ein inneres Anliegen noch Glaube an ein Eingreifen Gottes da ist. Solche Gebete beleidigen Gott; das wird in einem Kreis glaubend Betender durch den Heiligen Geist einem jeden klar werden.

»Ohne Glaube ist es unmöglich, Gott zu gefallen; denn wer zu Gott kommen will, muß glauben, daß er sei und denen, die ihn suchen, ein Vergelter sein werde« (Hebr. 11, 6).

3. Seelsorge und Beichte

Verbindliche Seelsorge ist ein wesentliches Moment des verbindlichen Lebens. Gott stellt uns in die Gemeinschaft, damit wir anderen und andere wiederum uns den Dienst der Seelsorge tun. In einer Gruppe kann es richtig vorwärtsgehen, wenn neben jungen auch ältere, reifere Geschwister da sind, die selber Seelsorge in Anspruch nehmen und anderen dadurch recht dienen können. Viele Christen tragen unnötigerweise einen Rucksack voller Schuld und voller Probleme mit sich herum, haben keine Freude, sind oft von Zweifeln geplagt, leben ohne Gewißheit der Vergebung. Wer die Last seiner Sünde mit sich herumschleppt, braucht sich nicht zu wundern, daß das Christsein so mühsam und anstrengend ist. Wer mit angezogener Handbremse fährt, kommt trotz vielen Gasgebens nicht recht voran. Gott bietet uns nun im seelsorgerlichen Gespräch eine Hilfe an, die wir dankbar annehmen sollten. Nicht nur Mitarbeitern, sondern allen gilt der Rat, einen festen Seelsorger zu haben, den man von Zeit zu Zeit immer wieder aufsucht.

Die Bibel zum Thema

»Wohl dem, dem die Übertretungen vergeben sind, dem die Sünde bedeckt ist! Wohl dem Menschen, dem der Herr die Schuld nicht zurechnet, in dessen Geist kein Trug ist! Denn als ich es wollte verschweigen, verschmachteten meine Gebeine durch mein tägliches Klagen. Denn deine Hand lag Tag und Nacht schwer auf mir, daß mein Saft vertrocknete, wie es im Sommer dürre wird. Darum bekannte ich dir meine Sünde, und meine Schuld verhehlte ich nicht. Ich sprach: Ich will dem Herrn meine Übertretungen bekennen. Da vergabst du mir die Schuld meiner Sünde« (Ps. 32, 1–5; vgl. Ps. 51).

»Wer seine Sünde leugnet, dem wird es nicht gelingen, wer sie aber bekennt und läßt, der wird Barmherzigkeit empfangen« (Spr. 28, 13).

»Und es ging zu ihm hinaus das ganze jüdische Land, und alle Leute von Jerusalem und bekannten ihre Sünden und ließen sich von ihm taufen im Jordan« (Mark. 1, 5).

»Es kamen auch viele derer, die gläubig geworden waren, und bekannten und verkündeten, was sie getrieben hatten« (Apg. 19, 18–19).

»Wenn wir aber unsere Sünden bekennen, so ist er treu und gerecht, daß er uns die Sünden vergibt und reinigt uns von aller Untugend« (1. Joh. 1, 9).

»Bekennet einer dem andern seine Sünden« (Jak. 5, 16).

(Vgl. auch 2. Sam. 12, 13; 2. Chron. 30, 15; Neh. 9, 2; Dan. 9, 4. 20; Luk. 15, 18. 21; 18, 13; 19, 8; Joh. 20, 23; Matth. 18, 18).

Aus diesen Stellen wird deutlich, daß Sünde zuerst einmal Gott gegenüber bekannt werden muß, daß sie aber auch vor Menschen, sei es vor einem einzelnen oder sogar in der Öffentlichkeit vor allen, ausgesprochen wird.

Männer der Kirche

Viele haben gegen die Beichte eine Aversion, weil sie bei dem Wort sofort an »Beichtzwang« oder »katholisch« denken. Es ist eine traurige Tatsache, daß in der evangelischen Kirche die Privatbeichte als heilsame Übung fast ganz in Vergessenheit geraten ist und erst in neuerer Zeit wieder stärker praktiziert wird. Manche meinen, die Reformatoren hätten die Beichte abgeschafft, aber das trifft nicht zu. *Luther* selbst hat zeitlebens das persönlich-seelsorgerliche Gespräch geschätzt und gebraucht. Manchmal hat er sogar täglich davon Gebrauch gemacht. Gegen den Beichtzwang hat er sich allerdings eindeutig ausgesprochen. Er schreibt im Großen Katechismus zum Thema Beichte:

»Bist du ein Christ, so bedarfst du weder meines Zwanges noch des Papstes Gebot, sondern du wirst dich wohl selbst zwingen und mich darum bitten, daß du solches mögest teilhaftig werden. Willst du aber die Beichte verachten und so stolz ungebeichtet hingehen, so schließen wir das Urteil, daß du kein Christ bist und auch des Sakraments nicht sollst genießen. Denn du verachtest, was kein Christ verachten soll, und machest damit, daß du keine Vergebung der Sünden haben kannst; und ist ein gewisses Zeichen, daß du auch das Evangelium verachtest.«

Calvin in seiner Institutio:

»Jeder einzelne Gläubige soll daran denken, daß es, wenn er für sich allein dermaßen vom Empfinden seiner Sünde geängstigt und erschreckt wird, daß er sich ohne fremde Hilfe nicht mehr freimachen kann, seine Aufgabe ist: nicht das Heilmittel beiseite zu lassen, das ihm vom Herrn dargereicht wird. Er soll von der Einzelbeichte bei seinem Pastor Gebrauch machen.«

Dietrich Bonhoeffer schreibt in seinem Buch »Gemeinsames Leben«, daß in der Beichte der Durchbruch zum Eigentlichen geschieht, nämlich »der Durchbruch zur Gemeinschaft, zum Kreuz, zum neuen Leben und zur Gewißheit«.

Diese Männer wußten um den Wert der Beichte und praktizierten sie. Zugleich hielten sie aber fest: Beichte ist nicht heilsnotwendig; sie ist kein Gesetz, sondern ein Angebot Gottes, eine Hilfe, das Heil zu erfassen und Befreiung und Gewißheit zu erfahren. Beichte ist ein Vorrecht, ein Angebot. Beichte demütigt und macht frei. Im Bekenntnis meiner Sünde erfasse ich neu die Gnade; da wird das Kreuz Jesu konkret erfahren: ich werde wirklich (und nicht nur gedanklich) zum Sünder – aber auch die Vergebung wird mir wirklich zuteil und bleibt nicht nur ein Glaubenssatz.

Erfahrung

Man kann über die Beichte theoretisieren und argumentieren, aber ihren Wert muß man selbst erfahren. Viele Jünger Jesu in unserer Zeit bekennen froh die Hilfe, die sie durch solch ein persönliches Gespräch vor Gott, durch das Bekennen ihrer Sünde in Gegenwart eines Bruders (einer Schwester) empfangen haben.

Zwei Beispiele:

»Lange Jahre dachte ich, ich könnte ohne die Hilfe eines anderen meine Sünde loswerden. Ich habe sie auch immer nur Gott gesagt. Aber ich mußte feststellen, daß sich in meinem Leben nichts veränderte. Trotz großer Anstrengungen trat ich auf der Stelle. Es ging einfach nicht vorwärts. Ich hatte auch keine Gewißheit der Vergebung. Anders wurde das erst, nachdem ich einmal alles auspackte vor einem Seelsorger. Es hat mich viel Herzklopfen gekostet und meinen ganzen Mut gebraucht, bis ich auf jemanden zuging und um ein Gespräch bat. Es fiel mir auch sehr schwer, die Dinge beim Namen zu nennen, die in meinem Leben waren, aber ich wußte, ich muß sie aussprechen und in Ordnung bringen. Nach diesem Seelsorgegespräch kam ein tiefer Friede, eine neue Dankbarkeit und Liebe zu Gott in mein Herz. Von diesem Zeitpunkt ab hatte ich auch die Gewißheit der Vergebung und machte sichtbare Fortschritte im Glauben.«

G. W., Kindergärtnerin, 36 Jahre

»Ich habe Jesus als Kind angenommen und wußte damals auch um Vergebung und Gewißheit des ewigen Lebens. In der Zeit danach wurde ich immer wieder schuldig, und ich wußte nicht recht, was ich nun tun sollte. Ich bekannte zwar Gott meine Sünden, aber manche Dinge konnte ich einfach nicht vergessen. Sie bedrängten mich immer wieder. Ich bekannte sie von neuem, aber nach einiger Zeit waren sie wieder da. Wenn ich in der Schule etwas von Jesus sagen wollte, hielt mir Satan meine Sünden vor Augen, und ich konnte nicht. Ich war Christ, aber es war ein ständiges Auf und Ab. Mal fühlte ich mich als Gotteskind, aber wenn ich versagt hatte, war ich wieder am Boden zerstört. In diesem Zustand lebte ich mehrere Jahre, bis mich bei einer Evangelisation ein Satz traf und mir klar wurde, daß erst dann Friede und Gewißheit des Heils und der Vergebung da ist, wenn ich mit der Sünde breche und sie bekenne. Es dauerte noch eine ganze Zeit, bis ich mich aufmachte und bei einem Seelsorger einmal aussprach, was mich belastete, und ehrlich wurde im Blick auf das, was in meinem Inneren vorging. Ich bekannte meine Sünden und bekam damit ein festes Fundament. Ich konnte den Anfechtungen des Teufels, der mich wieder verunsichern wollte, mit 1. Johannes 1, 9 entgegentreten: »Wenn wir unsere Sünden bekennen, so ist er treu und gerecht, daß er uns die Sünde vergibt und reinigt uns von aller Untugend.« Von diesem Punkt an ging es auch in meinem Christsein vorwärts. Damals merkte ich auch, daß ich Verschiedenes wiedergutmachen muß bei Menschen. So mußte ich einem Busunternehmer Geld zurückbezahlen, weil ich einige Male schwarz mitgefahren war, und einem Nachbarjungen brachte ich 10 DM für einen Füller, den ich ihm gestohlen hatte. An Kaufhäuser schickte ich Geld als Ersatz für kleine Diebstähle, an Lehrer und andere schrieb ich Entschuldigungsbriefe. Das geschah mit zitternden Knien und klopfendem Herzen, aber das Wissen danach, mit Gott und mit Menschen im reinen zu sein, war es wert. Weil der hinderliche Ballast weg war, konnte ich froh weitergehen.«

O. F., Diakon, 28 Jahre

Warum vor einem Menschen?

Warum scheuen wir uns so davor, in Gegenwart eines Menschen unsere Sünden auszusprechen und Gott um Vergebung zu bitten? Das Wesen der Sünde ist, daß sie im Verborgenen bleiben will; deshalb der Widerstand in uns. Der Feind will uns davon abhalten, weil alles, was im Finstern bleibt, ihm Macht gibt in unserem Leben. Was ans Licht kommt, verliert seine Macht.

Es fällt uns leichter, vor Gott im Verborgenen unsere Sünden zu bekennen. Wirklich? Es scheint uns nur deshalb leichter, weil wir uns Gott bewußt oder unbewußt als »lieben Gott«, als den, der alles wieder gut macht, der nichts übelnimmt, vorstellen, oder weil Gott in unserem Leben nur in Gedanken Raum hat und nicht wirkliches Gegenüber ist. Aber Gott ist heilig, ein verzehrendes Feuer, niemand kann vor ihm bestehen. Wo wir in der Bibel von Begegnungen zwischen Gott und Menschen lesen, sind diese bis ins Innerste erschrocken und zittern vor Gottes Macht und Heiligkeit (vgl. das Volk Israel am Sinai, Jesaja, Daniel, Petrus, Johannes). Wir müssen uns neu den Ernst der Sünde und auch Gottes Heiligkeit vor Augen führen. Haben wir deshalb oft so wenig Freude durch Vergebung, weil wir die Sünde bagatellisieren, leichthin bekennen, ohne wirkliche Buße und Reue? Sündenbekenntnis vor einem Menschen ist demütigend, aber heilsam in die Tiefe führend.

Die Vergebung der Sünden hängt jedoch nicht von der Beichte ab. Grundlage dafür ist das Leiden und Sterben Jesu, sein Blut, das rein macht von aller Sünde. Wohl aber ist die Beichte eine Hilfe, die Sünde als Sünde ernst zu nehmen und nicht mit der Gnade zu spielen. Eine Hilfe kann man ablehnen, wenn man ohne sie auskommt, man kann sie aber auch annehmen.

Wem beichten?

Wenn wir davon sprechen, daß wir vor einem Menschen beichten, meinen wir damit einen Bruder oder eine Schwester, einen lebendigen Christen, der selbst mit Gott lebt und der selbst immer wieder beichtet. Nur wer selber beichtet und sich unter seine eigene Sünde demütigt, kann auch Beichte von anderen hören. Es versteht sich von selbst, daß absolute Verschwiegenheit von seiten des Seelsorgers nötig ist. Eine gute Regel ist, daß Männer nur an Männern und Frauen nur an Frauen Seelsorge üben sollen.

Frage: Ist in einem Jugendkreis von Gleichaltrigen gegenseitige Beichte möglich?

In vielen Fällen wird das möglich sein, besonders bei »leichteren« Dingen; natürlich aber junge Männer bei Männern bzw. Mädchen bei Mädchen. Richtiger und gesünder ist es aber, einen erfahrenen, reiferen Bruder (oder Schwester) als Seelsorger zu haben. Manchmal klebt man in einem Kreis bzw. mit bestimmten Menschen zu eng zusammen, daß man zu subjektiv eingestellt ist, um sich wirklich helfen zu können. Da braucht es einen neutralen

Dritten. Schwere Dinge im Seelsorgegespräch würden den Gleichaltrigen u. U. belasten, ihn überfordern, deshalb sollte der Seelsorger eine größere Lebenserfahrung und Tragfähigkeit haben. Auch wenn es um schwerwiegende Entscheidungen oder Lebensfragen geht, ist es gut, einen reiferen Christen um Rat zu bitten.

Auch in einer christlichen Ehe ist es in bestimmten schweren Dingen ratsamer, einem Dritten zu beichten und nicht dem Partner, weil er es nicht verkraften würde. Sonst ist es aber in einer Ehe ganz natürlich, voreinander und vor Gott ehrlich zu werden, Schuld und Versagen zu bekennen und um Vergebung zu bitten.

Wann und wie oft?

Vielleicht haben jetzt manche die Frage: Wann und wie oft soll ich beichten? Die Antwort: Wenn Gott uns im Gewissen trifft und von Sünde überführt. Das wird als erstes geschehen bei der Umkehr, bei einer gründlichen Bekehrung. Bevor Neues aufgebaut werden kann, muß der ganze Schutt von früher abgeräumt werden. Die ganze schuldhafte Vergangenheit wird vor Gott aufgerollt und in sein Licht gestellt. Eine *Lebensbeichte* wird abgelegt. Viele Christen schleppen sich mit dem Ballast ihres vergangenen Lebens ab, versuchen, auf alten Trümmern ein neues Haus zu bauen, und wundern sich noch darüber, daß dies nicht geht. Mit einer Entscheidung für Christus ist es nicht getan. Das kann ein Anfang sein, der aber zur Ordnung der Vergangenheit und zu einer Umgestaltung des Lebens führen muß.

Wir sind als Christen nicht herausgenommen aus dieser Welt der Sünde, und auch im eigenen Herzen schlummert das Böse, bricht immer wieder durch und führt zu sündigen Gedanken, Worten und Taten. Deshalb ist es nötig, *von Zeit zu Zeit immer wieder* Sünde zu bekennen und sich reinigen zu lassen. Es reicht nicht, einmal »Großputz« und »Sperrmüllabfuhr« gemacht zu haben und zu meinen, es wäre jetzt für Jahre alles in Ordnung. Jede Hausfrau weiß, daß es nötig ist, immer wieder Staub zu wischen und die regelmäßige Reinigung zu machen. Was für den Hausputz gilt, trifft auch im geistlichen Leben zu. Je regelmäßiger geputzt wird, um so einfacher ist das Putzen. Hinausschieben macht alles nur schwieriger.

Auch wenn ein gründlicher Neuanfang gemacht wurde und ein »Großputz« stattgefunden hat, gibt es im Leben eines Christen hin und wieder *Zeiten der Anfechtung,* der Müdigkeit, Zeiten der Krise, die nicht unbedingt mit Sünde zu tun haben müssen. Klärung und Ermutigung oder auch Ermahnung durch einen Seelsorger können wieder klare Linien in ein inneres Durcheinander bringen und unserer Schwachheit aufhelfen. Deshalb: Zieh dich nicht zurück, wenn du in Krisen bist. Suche die Gemeinschaft, suche die Hilfe des Bruders, der Schwester. Gott kann dir so auf neue Weise begegnen. Petrus hat die Gemeinschaft nicht verlassen wie Judas, obwohl auch er jämmerlich versagt hatte. Und der Herr half ihm wieder zurecht (vgl. Matth. 26, 69–75; Mark. 16, 7; Luk. 24, 9–12; Joh. 20, 19; 21, 1–19).

Was bekennen?

Was soll man bekennen? Nach Martin Luther das, »was beißt und zwackt«, d. h. das, was uns belastet und bedrängt, auch wenn wir es vor Gott schon ausgesprochen haben. Es ist nicht nötig, skrupulöse Tiefenbohrungen anzustellen und unser Inneres zu zermartern. Der Geist Gottes überführt uns und mahnt in den Dingen, die jetzt dran sind. Zu späterer Zeit deckt er wieder anderes auf. Aus der Erfahrung der Seelsorge wird deutlich, daß ein Bekenntnis vor einem Seelsorger notwendig ist: bei Süchten, bei geschlechtlichen Verfehlungen, bei Sünden auf dem Gebiet der Zauberei (Wahrsagen, Pendeln, Besprechen usw.), bei festgefahrenem Groll gegen Menschen, bei Sünden, die immer wieder vorkommen.

Wie?

Wie soll man beichten? Man bereitet sich auf die Beichte vor, indem man den Herrn von Herzen bittet, daß man völlig aufrichtig sein kann. Man kann sich anhand der Zehn Gebote, eines Beicht- oder Gewissensspiegels die Dinge notieren, die als Sünde vorliegen. – Nach einem gemeinsamen Gebet bekennt man, möglichst auf den Knien, Gott seine Sünden und bittet ihn um Vergebung.

Manchmal muß sich der Seelsorger durch Rückfragen davon überzeugen, ob Reue vorhanden ist und Bereitschaft, mit der Sünde zu brechen; z. B.: »Ist dir/Ihnen diese Sünde wirklich leid?« – »Weißt du/wissen Sie, was es Jesus gekostet hat?«

Wenn der Seelsorger den Eindruck hat, daß es dem Beichtenden wirklich leid ist um seine Sünde, spricht er ihm im Namen Jesu die Vergebung zu (vgl. 2. Sam 12, 13; Matth. 9, 2; Luk. 7, 47ff.; 19, 9; 23, 43; Matth. 18, 18; Joh. 20, 23). Dank für die erfahrene Vergebung und neue Hingabe des Lebens an Gott schließen sich an.

Im anderen Fall muß der Seelsorger auch mal den Mut haben, die Absolution, den Zuspruch der Vergebung, vorerst zu verweigern.

Lebensberatung

Seelsorge besteht aber nicht nur im Beichten von Sünde und in der Absolution, sondern meint Hilfe für den ganzen Menschen, für alle seine Lebensbezüge. Auch offene Fragen der Lebensgestaltung, Ängste und Verklemmungen, praktische Hilfen zur Bewältigung des Alltags – z. B. Fragen der Erziehung oder des rechten christlichen Verhaltens usw. – können zur Sprache kommen. Wir dürfen alle Probleme aussprechen, Rat erbitten und miteinander praktische Lösungen nach Gottes Weisung suchen.

4. Offenheit und Austausch

Eine der Folgen des Sündenfalls war die Angst, entdeckt zu werden. Adam und Eva versteckten sich hinter den Bäumen im Garten vor Gott. Bis dahin war ihr Verhältnis zu Gott herzlich und offen, voller Vertrauen, nun war es zerstört. Sünde möchte immer im Verborgenen bleiben. Wir schämen uns. So wie Adam und Eva sich vor Gott verbargen und versuchten, ihren wahren Zustand zu vertuschen, und die Schuld abschoben, ist es bis heute geblieben. Wir verstecken uns nicht nur vor Gott, sondern auch vor Menschen. Wir tragen Masken voreinander, überspielen unsere innere Not und Traurigkeit und tun besonders fröhlich. Wir möchten nicht, daß jemand in unser Inneres hineinschaut. Roy Hession schreibt:

»Wir leben weithin »hinter Vorhängen«. Die anderen wissen nicht, wie wir wirklich sind, und wir wollen es ihnen auch nicht zeigen. Selbst diejenigen, mit denen wir im engsten Verhältnis leben, wissen nicht, was in uns vorgeht – nichts von unseren Schwierigkeiten, Kämpfen, Niederlagen, noch von dem, wovon der Herr Jesus uns so oft reinigen muß.«

Leider geht es auch unter Christen oft nach dem Motto der Operette: »Immer nur lächeln . . ., doch wie's da drinnen aussieht, geht niemand was an.« Man wird dabei immer unglücklicher. Oder die Maske wird so zur zweiten Natur, daß man gar nicht mehr merkt, wie groß die Kluft zwischen Wirklichkeit und äußerem Gehabe ist, und das ganze Dasein wird eine »gelebte Lüge«. Erlösung und Befreiung, Reinigung und tiefste Gemeinschaft ereignen sich dann, wenn wir ins Licht treten und nichts mehr beschönigen. Wenn wir so zum Kreuz kommen, wird unser Verhältnis zu Gott wahr, echt und neu, genauso auch unser Verhältnis zu den Geschwistern.

Masken ablegen

Wir brauchen als Christen einander nichts vorzumachen. Gott kennt uns sowieso. Masken zu tragen ist außerdem ein schwieriges, nervenaufreibendes Geschäft. Gott möchte uns als echte, aufrichtige, unverkrampfte Jünger für seine Sache einsetzen. Vor ihm dürfen wir so sein, wie wir wirklich sind. In Jesus nimmt er uns an. Von dieser Basis her dürfen wir uns auch als Brüder und Schwestern begegnen, voreinander ehrlich sein und uns annehmen. Dann verstehen wir den Ausspruch des Zeichners Wilhelm Busch auf rechte Weise: »Ist der Ruf erst ruiniert, lebt sich's völlig ungeniert.«

Andere teilhaben lassen

Gott stellt uns zusammen mit Brüdern und Schwestern, damit wir einander Anteil geben an unserem Leben und an unseren Erfahrungen. Wir dürfen Freud und Leid miteinander teilen. Es trifft auch für Christen zu: »Geteiltes Leid ist halbes Leid, geteilte Freude ist doppelte Freude.« So wird jeder sich vor dem Zusammentreffen fragen: Was habe ich dem anderen mitzubringen?

Was Gott bei dem einen geschehen läßt, geschieht für den Bruder und die Schwester mit. Wir sollen nicht die gleichen Fehler machen wie der andere, sondern aus seinen Erfahrungen lernen.

Zur Mitteilung und zur Offenheit gehört meist Mut, aber es lohnt sich, aus der Isolierung herauszutreten und im Zweiergespräch oder im Kreis ein Stück von sich selbst preiszugeben und den anderen zu schenken. Es ist gut, nicht nur positive Erfahrungen weiterzugeben, sondern auch Nöte und Vorkommnisse, die weniger schmeichelhaft für uns sind, weil wir versagt haben. Solch eine Äußerung, wenn sie ehrlich, demütig kommt, hilft den anderen oft mehr als ein großartiger Bericht, bei dem wir glänzend dastehen. »Die Schwächen der Heiligen trösten uns mehr als ihre Tugenden« (M. Luther).

Für die stillen, schüchternen Typen mag folgendes Wort eine Ermutigung sein: »Jede Äußerung ist eine Entäußerung. Jede Entäußerung ist ein Opfer; aber Opfer segnet Gott.«

Wer schnell ist mit seiner Zunge und auch sein Herz auf der Zunge trägt, muß lernen, diese in Zaum zu nehmen und mit seinen Äußerungen zuchtvoll zu sein. Alle sollten ihr Herz weit machen für den anderen und sich üben, wirklich hinzuhören.

Austausch im Kreis

Gott führt uns in einem Austausch eine große Vielfalt seines Wirkens vor Augen, was uns ungemein erfreuen und stärken kann.

Ein Austausch über einen Bibeltext kann in erstaunlicher Weise Gottes Wort in seiner Bedeutung entfalten, wie wir selbst es niemals allein erschließen könnten. Wir erkennen dabei die Mannigfaltigkeit des schöpferischen Handelns Gottes und seines Geistes in unserer Zeit. Wir sehen und hören, wie andere mit Gott leben und ihren Alltag bewältigen. Das ermutigt sehr und hilft auch, den Bruder und die Schwester besser zu verstehen und mit mehr Liebe für sie zu beten. Es ereignet sich ein Austausch der Gaben und Erfahrungen, ein gegenseitiges Beschenktwerden.

Ich nehme den Beitrag der Geschwister positiv und offen auf. Kritik und Diskussion haben im Austausch nicht ihren Platz. Wenn etwas richtigzustellen und zu klären ist, mag das liebevoll und weise geschehen, am besten persönlich im Anschluß an den Austausch.

Austausch zu zweit

An manchen Orten treffen sich die Mitglieder eines Bibelkreises noch einmal pro Woche in sogenannten »Zweierschaften«. Unter vier Augen kann man noch persönlicher über Freuden und Nöte, über gute und böse Regungen des Herzens und über offene Fragen sprechen. Auch Erfahrungen mit Gott, Gebetserhörungen, Führungen und Einblicke in sein Wort teilt man sich mit. Sünde und Versagen bringt man gemeinsam vor Gott.

Solch ein verbindliches zusätzliches Treffen neben dem Bibel- oder Mitarbeiterabend ist eine Herausforderung, konkret mit Gott im Alltag zu stehen. Aber gleichzeitig liegt darin auch eine besondere Möglichkeit, sich – ebenfalls sehr konkret – gegenseitig zu helfen, zu raten, einander zu ermutigen, Lasten loszuwerden und füreinander zu beten.

5. Liebe und Fürsorge füreinander

»Die brüderliche Liebe untereinander sei herzlich« (Röm. 12, 10).

»Jeder sehe nicht nur auf das Seine, sondern auch auf das, was des anderen ist« (Phil. 2, 4).

»Laßt uns Gutes tun an jedermann, allermeist aber an des Glaubens Genossen« (Gal. 6, 10).

Liebe muß konkret werden

An vielen Stellen des Neuen Testaments werden wir aufgefordert, uns zu lieben, »nicht mit Worten, sondern mit der Tat und mit der Wahrheit« (1. Joh. 3, 14–18; vgl. auch Joh. 13, 34–35; 15, 17; Röm. 12, 13; 13, 8; Gal. 5, 13).

Liebe muß konkret werden. Gastfreundschaft z. B. war eines der Merkmale der ersten Christen. Wir sollten unsere Häuser öffnen füreinander und für Fernstehende. Liebe wird konkret darin, daß man Zeit hat füreinander; Zeit, miteinander zu sprechen, dem anderen zuzuhören. Oder darin, daß man gemeinsam etwas vorbereitet und unternimmt, einen Ausflug, einen Dienst oder ähnliches. Wir Christen haben nicht nur geistige und geistliche Bedürfnisse. Wir müssen auch für das Menschlich-Natürliche etwas tun und Herzlichkeit, Wärme, Geborgenheit schenken. Gott hat uns dazu geschaffen, für ihn und füreinander dazusein. Deshalb ist es unnormal, wenn mir gleichgültig ist, was mit dem Bruder geschieht. Wenn er nicht zum Kreis kommt, bin ich gefragt, nach ihm zu sehen, ihn zu besuchen oder anzurufen. Vielleicht ist er krank, oder er befindet sich in einer inneren Krise. Ich soll Hüter meines Bruder sein (Hebr. 10, 24–25). Vielleicht kann und muß ich ganz praktisch in einer Notlage helfen, bei Arbeitsüberlastung, bei Schulaufgaben oder finanziell. Wer seinen Bruder (seine Schwester) vernachlässigt und ihm gegenüber gleichgültig ist, haßt ihn eigentlich und schadet ihm. Das griechische Wort für »hassen« könnte man nämlich auch mit »vernachlässigen« übersetzen.

Heimtückischer noch als das Gegeneinander ist das Nebeneinander in einem Kreis, weil nach außen alles in Ordnung zu sein scheint, aber in Wirklichkeit keine Beziehung zueinander da ist.

Zum Nachdenken:

– Fühle ich mich für die anderen verantwortlich?
– Für wen habe ich zur Zeit eine besondere Verantwortung?
– Bete ich genügend für den Betreffenden?
– Bin ich bereit, jede Mühe auf mich zu nehmen, um den anderen zu helfen?
– Welche konkreten Schritte muß ich unternehmen?
– Fordere ich Gemeinschaft und Liebe von den anderen? (»Wer Gemeinschaft *fordert,* bricht sie!«)
– Schenke und erwarte ich Gemeinschaft, weil ich die andern liebe? (Das ist normal in der Liebe der Glaubenden.)

Liebe zu allen?

Es fällt uns meist nicht schwer, die Sympathischen aus unserem Kreis zu lieben, aber Gott möchte, daß wir alle lieben. Wenn Jesus uns sagt, daß wir sogar unsere Feinde lieben sollen und können, wieviel mehr dann Brüder und Schwestern, die uns unsympathisch sind. Wir stoßen uns oft an bestimmten Wesenszügen und Verhaltensweisen des anderen. Einige psychologische Grundbegriffe von der Verschiedenartigkeit der Temperamente können helfen, den anderen und auch sich selbst besser einzuschätzen und zu verstehen, daß wir Menschen eben verschieden sind – oder, wie jemand es ausdrückte, daß »Gottes Orgel viele Register hat«. Das ist ja gerade das Schöne: Jeder ist ein Original, keiner ist wie der andere.

»Gott baut keine Reihenhäuser«, er verfährt nicht nach Schablone. Es ist nötig, daß wir diese Verschiedenheit von Gott her anerkennen und positiv auffangen, dann können viele Spannungsmomente überwunden werden. Der andersartige Bruder ist eine Ergänzung zu mir, die ich brauche. Gott ordnet einem Kreis verschiedene Typen zu, damit dieser im gegenseitigen Dienst als Ganzheit wächst. Gott hat jedem besondere Gaben und Stärken gegeben und damit die Fähigkeit, bestimmte Aufgaben zu meistern. In der Stärke einer Persönlichkeit liegt aber zugleich auch ihre Grenze und Gefahr. Die Stärken sollen wir anerkennen und bejahen, weil wir in der Bejahung vorwärtskommen. In den Schwächen dürfen wir uns gegenseitig helfen und negative Wesenszüge und Sünde mit Gottes Hilfe überwinden. Es wäre verkehrt, am Negativen hängenzubleiben und das Kind mit dem Bade auszuschütten, was uns allen sehr nahe liegt. Die göttliche Liebe liebt zunächst immer »brutto«, d. h. mit allem Drum und Dran, und verändert danach zum Guten.

In diesem Zusammenhang ist es wichtig, daß wir auch uns selbst so annehmen, wie wir sind, mit unseren Erbanlagen und mit unserem Gewordensein. Nur wer sich selber bejaht, kann andere lieben. Kann ich Gott für mich selbst danken? Ich bin ein Original Gottes, nicht nutzlos, sondern mit ganz bestimmten Gaben und Aufgaben, wie sie kein anderer hat. Weil Gott mich so geschaffen und gewollt hat, brauche ich keine Minderwertigkeitskomplexe zu haben (vgl. 1. Kor. 12, 14–27). Er liebt mich, und deshalb kann ich lernen, mich selbst auch zu lieben und anzunehmen.

Verschiedene Temperamente

Eine der gebräuchlichsten Einteilungen der verschiedenen Wesensarten von Menschen ist die nach vier Temperamenten: Sanguiniker und Choleriker, beides nach außen gekehrte Typen (extrovertiert), Melancholiker und Phlegmatiker, beide mehr nach innen gekehrt (introvertiert). Diese Einteilung stammt von dem griechischen Arzt und Philosophen Hippokrates, der sich die Verschiedenheit des Wesens als durch verschiedene Körperflüssigkeiten verursacht erklärte: Sanguiniker (von lat. sanguis, Blut) haben das lebendige Temperament; Choleriker (griech. »gelbe Galle«) das aktive, schnelle; Melancholiker (griech. »schwarze Galle«) haben das dunkle, düstere, und Phlegmatiker (phlegma, »Körpersaft«, kühl) das langsame Temperament. Diese Vorstellung ist wohl überholt, aber die vierfache Einteilung wird, weil sie in vielem zutreffend ist, bis heute verwendet.

Wenn es auch keine reinen Typen, sondern Mischformen gibt, hat doch meist ein Temperament das Übergewicht. Wir wollen die Stärken und Schwächen etwas näher ansehen.

Der Sanguiniker: gesprächig, nie um Worte verlegen, herzlich, freundlich, sorglos, für alles offen, liebt Gesellschaft, guter Erzähler, mitfühlend, enthusiastisch, spontan, optimistisch, lebt im Heute, freut sich über Kleinigkeiten.

Seine Schwächen: gefühlsbestimmt, unstet, oberflächlich,

willensschwach, undiszipliniert, unzuverlässig, egozentrisch, laut, übertreibt, ängstlich usw.
(vgl. Schauspieler, Verkäufer, Redner).

Der Choleriker: willensstark, entschlossen, mutig, beharrlich, unabhängig, optimistisch, keine Angst vor Widerständen, praktisch, logischer Denker, Realist, schöpferisch, entschlußfreudig, Führer usw.

Seine Schwächen: leicht zornig, hart, grausam, sarkastisch, dominierend, uneinsichtig, stolz, eigenwillig, gefühllos.
(vgl. Firmenchefs, Leiter usw.)

Der Melancholiker: begabt, scharfsinnig, tief, empfindsam, gründlich, Perfektionist, ästhetisch, idealistisch, treu, aufopfernd usw.

Seine Schwächen: kreist um sich selbst, abhängig von Stimmungen, wechselhaft, pessimistisch, theoretisch, unpraktisch, unentschlossen, passiv, Einzelgänger, kritisch, empfindlich, nachtragend, gesetzlich usw.
(vgl. Künstler, Musiker, Erfinder, Philosophen, Professoren usw.)

Der Phlegmatiker: ruhig, selbstkontrolliert, unproblematisch, gutmütig, hoher Siedepunkt, zuverlässig, gründlich, konservativ, praktisch, Führer, diplomatisch, humorvoll usw.

Seine Schwächen: ängstlich, unentschlossen, Zuschauer, ironisch, selbstsüchtig, gleichgültig gegen andere, faul, langsam, unmotiviert, hochmütig.
(vgl. Diplomaten, Beamte, Lehrer, Techniker usw.)

Diese Aufstellung soll zum gegenseitigen Verständnis verhelfen, nicht dazu, jetzt alle Menschen in bestimmte

»Schubladen« zu stecken. Wir wollen uns daran erinnern, daß es keine reinen Typen gibt, daß Gott schlechte Eigenschaften verändern und unsere Persönlichkeit erweitern kann. Wir wollen uns deshalb gegenseitig Raum geben zu erneuertem Verhalten und das Recht zu einem Anderssein, als es das Temperamenteschema oder unsere bisherigen Erfahrungen miteinander erwarten lassen.

Liebe lernen

Wie kann ich Liebe für jemanden bekommen?

– Sei erfüllt mit dem Geist Gottes! Er bewirkt diese Liebe.
– Beginne, regelmäßig für den Betreffenden zu beten, den du nicht lieben kannst! Geh auf ihn zu und bete auch mit ihm zusammen! Wenn Gott dich so führt, dann sprich auch mal deine Herzensregungen aus, demütig als Schuld oder Not. Vorher aber den Rat eines Seelsorgers oder neutralen Dritten erbitten, ob es angebracht und gut ist. Unter Umständen kann es den anderen sehr belasten.
– Versuche, den Betreffenden zu verstehen, seine Gewohnheiten, seinen Charakter, sein Temperament, seine Disziplin, auch die verschiedenen Wurzeln von Sünde!
– Versuche, seine Mentalitäts- und Gefühlsprobleme zu verstehen!
– Sieh die positiven Dinge! Jeder hat auch solche.
– Zeige Interesse an ihm und seiner Arbeit! Anteilnahme schenkt Vertrauen und hilft zum Verständnis im Kennenlernen.
– Spotte nicht, mach dich nicht lustig über ihn, auch nicht über Kleinigkeiten! Frage dich: »Was wäre, wenn er nicht errettet wäre?«
– Behandle jeden so, als ob du ihn zum Glauben geführt

hättest! Behandle alle, als ob sie zu deiner Familie gehörten! (nach G. Verwer).

6. Leitung ist nötig

Autorität, Leitung und Gehorsam sind biblische Prinzipien, die auch heute noch gelten. Ein Kreis ohne Leitung, ohne Autorität wird zerfallen oder in die Irre gehen. Eine Gruppe ohne Leitung wird wie eine Herde Schafe ohne Hirten zerstreut und verschmachtet (Matth. 9, 36). Das Volk Israel fiel in den Götzendienst, als es keine richtige Führung mehr hatte (vgl. Richterzeit).

»Jesus nachfolgen bedeutet auch, daß wir den Menschen zu folgen haben, denen Gott die Leitung für verschiedene Aufgaben in seinem Werk anvertraut hat. Gott hat immer *Menschen* als Leiter bestimmt (vgl. Apg. 6). Bei den Kindern Israel herrschte immer dann ein großes Durcheinander, wenn sie ohne Führer waren. Gott weiß, daß sein Volk Leiter benötigt. Deshalb ruft er Menschen, die mit den nötigen Gaben ausgerüstet sind, um seine Kinder zum Sieg zu führen. Es heißt nicht umsonst: Eine Gemeinde kann nicht stärker sein als die, die sie leiten.«
(»Handbuch für Jünger Jesu«, Operation Mobilisation)

Diener sein

Leiter sein ist kein Honiglecken. Die meisten Verantwortlichen haben sich diese Position nicht gesucht, ja sich sogar meist nur schwer dazu entschlossen, sich gewehrt, weil sie wußten, was es bedeutet (vgl. Mose, Jeremia u. a.). Leiter sein besteht nicht – wie viele meinen – darin, eine einflußreiche, bestimmende Persönlichkeit zu sein, die berühmt, gelobt, geehrt wird. Ein Leiter steht nicht vorne, hält große Reden und setzt eigene Entschlüsse durch. Nein! Er wird geleitet – und er leitet; ihm wird geholfen – und er hilft und opfert; er ist bereit, Lasten zu tragen, Spannungen auszuhalten, mißverstanden und kritisiert zu werden und für die Ziele Gottes mit der Gemeinde zu leiden.

Er ist bereit, eigene Rechte, Freiheiten und Bequemlichkeiten um des Herrn willen, um des Auftrages willen dranzugeben.

»Die Fürsten halten ihre Völker nieder, und die Mächtigen tun ihnen Gewalt. So soll es nicht sein unter euch; sondern wer groß sein will unter euch, der sei euer Diener; und wer der Erste sein will unter euch, sei euer Knecht; gleichwie des Menschen Sohn ist nicht gekommen, daß er sich dienen lasse, sondern daß er diene und gebe sein Leben zu einer Erlösung für viele« (Matth. 20, 25–28).

Vorbild sein

Der Verantwortliche, der selbst Gehorsam und Unterordnung gelernt hat, wird auch andere führen können. Der Leiter, der sich immer neu unter die Autorität Gottes stellt und Ermahnung und Korrektur durch Brüder annimmt, wird auch in seiner Leitungsaufgabe Autorität haben. Erst wenn man selbst gehorsam ist, kann man auch von anderen Gehorsam erwarten. Dann wird man auch akzeptiert. Das eigene Vorbild der Liebe, der Demut, der Dienstbereitschaft ist das beste Führungsmittel. Unser Beispiel muß unsere Worte unterstreichen. Wer selbst den Gruppenraum auskehrt, die Stühle richtet und zupackt, wo die anderen sich vor schmutzigen Arbeiten drücken, hat auch Vollmacht, über Gehorsam und Demut zu sprechen.

»Weidet die Herde Gottes, die euch befohlen ist, nach Gottes Willen, nicht gezwungen, sondern willig; nicht um schändlichen

Gewinnes willen, sondern von Herzensgrund; nicht als die über die Gemeinde herrschen, sondern werdet Vorbilder der Herde« (1. Petr. 5, 2–3).

»Sei ein Vorbild den Gläubigen im Wort, im Wandel, in der Liebe, im Glauben, in der Reinheit. Halte an mit Lesen, mit Ermahnen, mit Lehren, bis ich komme.« – »Habe acht auf dich selbst und auf die Lehre« (1. Tim. 4, 12. 13. 16; vgl. auch Apg. 20, 28).

Sich vervielfältigen

Aufgabe eines geistlichen Leiters ist es, sich zu vervielfältigen, sich überflüssig zu machen und andere zu schulen, dasselbe zu tun. Genau das tat Jesus mit seinen Jüngern. Er schulte sie drei Jahre lang durch seine Verkündigung und Unterweisung und durch das gemeinsame Leben, durch Theorie und Praxis. Dann gab er ihnen den Auftrag:

»Mir ist gegeben alle Gewalt im Himmel und auf Erden. Darum gehet hin und *machet zu Jüngern (Schülern)* alle Völker, *taufet* sie auf den Namen des Vaters und des Sohnes und des Heiligen Geistes, und *lehret* sie halten alles, was ich euch befohlen habe« (Matth. 28, 18–20).

Auch Paulus lebte nach diesem Prinzip:

»Was du von mir gehört hast vor vielen Zeugen, das befiehl treuen Menschen an, die da tüchtig sind, andere zu lehren« (2. Tim. 2, 2).

Reifen in der Stille

Auch der Alltag eines Leiters besteht aus vielen kleinen und verborgenen Dingen, und gerade hier will ihn Gott nachdrücklich zur Treue erziehen. Alle Leiter und Verantwortlichen, die Gott zum Bau seiner Gemeinden und zur Ausbreitung seines Reiches berufen hat, hatten sich im Kleinen bewährt. Sie brachten wohl schon gewisse natürliche Voraussetzungen mit, aber trotzdem mußten sie über Jahre warten und sich im Alltag in der Treue üben. Keiner hat sich in die Spitze gedrängt, und wo es geschah, hat Gott ein Stop gesetzt (vgl. Mose). Führungsmenschen brauchen Reife und Erfahrung, und dafür gibt es keine Abkürzungen. Gott nimmt sich viel Zeit, um Führer heranzubilden. Mose bekam eine ausgezeichnete geistige Ausbildung am Hof des Pharao, aber sein Wesen war wenig verändert. Deshalb schickt Gott ihn 40 Jahre in die Wüste, bevor er tatsächlich gerufen wurde. Josua war 40 Jahre Moses Diener, bevor er selbst die ganze Verantwortung für das Volk bekam. Zwischendurch erhielt er Gelegenheit, sich in Teilverantwortung zu bewähren (2. Mose 17, 9. 10. 13). Mose hatte auch den Auftrag, Josua als Nachfolger heranzubilden, ihn zu unterweisen (2. Mose 17, 14a), ihn zu ermahnen und ihm zu einer geistlichen Gesinnung zu helfen (4. Mose 11, 28–29). David hat über Jahre, von seinen Brüdern als Jüngster belächelt, treu als Hirte gedient. In der Zeit, als Saul ihn verfolgte, bewies er geistliche Haltung. Alle diese Durchgänge waren nötige Vorbereitung für das verantwortungsvolle Amt des Königs. Auch unser Herr Jesus Christus war 30 Jahre in Nazareth, unbekannt, unscheinbar, bevor sein offizieller Dienst begann. Wir wissen nicht viel aus diesen Jahren (Luk. 2, 41–52), aber wahrscheinlich hat er als gehorsames Kind und als Jugendlicher ganz gewöhnliche Arbeiten verrichtet wie sein Adoptiv-Vater, der ein Häuserbauer war. Jesus war treu im Kleinen. Zu dieser Treue erzog er auch seine Jünger. Er unterwies sie, lebte mit ihnen, übertrug ihnen Verantwortung, lehrte sie durch die Praxis (learning by doing), lebte ihnen vor, was er sagte, und rüstete sie aus für den weltweiten Auftrag.

Paulus wird von Barnabas in die Gemeinde eingeführt und macht seine ersten Erfahrungen zusammen mit diesem Bruder, der ihn anleitet und mitnimmt auf seine Missionsreise. Später holt sich Paulus – nun selbst Teamleiter – wieder andere und nimmt sie mit hinein in die Verantwortung, so z. B. Timotheus, der ihm ein treuer Gehilfe und Begleiter wird, der später selbst wieder Verantwortung übernehmen kann.

Wer kann Leiter sein?

Zur Führung sind sowohl geistliche als auch gewisse natürliche Voraussetzungen nötig.

Ein Nachfolger Jesu ohne natürliche Führereigenschaften wird nicht auf Dauer Leiter eines Kreises sein können, es sei denn, diese Eigenschaften werden ihm geschenkt. Aber noch weniger kann ein Mensch mit natürlicher Leitungsbefähigung ohne neues Leben in Gott und ohne seinen Ruf zur Leitung eine geistliche Gruppe führen. Der Leiter wird nicht vollkommen sein, aber er muß das Verlangen haben, zu wachsen, um die Aufgabe der Leitung erfüllen zu können. Der beste Leiter ist ein Mensch mit wachsender Liebe, denn seine Stellung versteht sich ja in größter Abhängigkeit von Gott und in tiefer Verantwortung für die Anvertrauten. Das bedeutet, daß er in ständiger Bußhaltung leben muß: in der täglichen Bereitschaft, sich vergeben und erneuern zu lassen. Damit ist er das beste Vorbild. Das bedeutet, daß der Leiter nie fertig ist, sondern genauso wie die Gruppe am Lernen bleiben und vorwärtsschreiten muß. Er geht voran, trägt eventuell die Spannung des Abstandes und des Unverstandenseins, auch die Schwerfälligkeit der ihm Anvertrauten, und führt sie – als von Gott Geführter – Schritt um Schritt weiter. Er hat eine ehrenvolle Verantwortung – aber sie will in Dienstgesinnung wahrgenommen werden. Auch für den Leiter gilt das Gebot Christi: »Einer achte den andern höher als sich selbst« (Phil. 2, 3). Das darf er nie vergessen. Und es ist ein Zeichen für seine Reife als Leiter, wenn er an den bescheidensten Mitgliedern des Kreises Eigenschaften entdeckt, die diese Achtung in ihm auslösen.

Einsetzung

Aus dem Neuen Testament entnehmen wir, daß in neu entstandenen Gemeinden durch die Apostel oder deren Mitarbeiter Älteste berufen und eingesetzt wurden. Meist waren es mehrere, von denen wohl einer die Hauptverantwortung trug und das letzte Wort hatte. Ein Kreis von Mitarbeitern hat den Vorteil, daß man sich gegenseitig ergänzen kann. Die Grenzen der Persönlichkeit eines Leiters, seine Schlagseiten werden ausgeglichen (vgl. Aaron, der Mose ergänzte und in seiner Verantwortung unterstützte). Die Ältesten waren von der Gemeinde als Leiter anerkannt und geachtet. Sie waren mit ihrem Tun Gott verantwortlich, den Aposteln, sich untereinander und der Gemeinde gegenüber. Verschiedene Bibelstellen kann man auch so verstehen, daß die Gemeinde ihre Ältesten wählte; vielleicht dort, wo Gemeinden nicht durch Apostel entstanden sind, oder in späterer Zeit. Wenn also ein Kreis schon besteht ohne rechte Leitung, ist es nötig, für klare Verhältnisse zu sorgen und Verantwortliche zu berufen. Nach Gebet um Leitung kann dann eine Wahl erfolgen. Der Geist Gottes wird Übereinstimmung schenken (vgl. Einheit in praktischen Fragen, S. 96). In Ausnahmefällen kann es auch mal nötig sein, in einer geheimen Wahl den Leiter zu wählen. Die beiden nächstfolgenden in der Stimmenzahl könnten z. B. die beratenden Mitarbeiter des Leiters sein.

Kriterien

In 1. Timotheus 3, 2–7 nennt Paulus einige spezielle Qualifikationen, die ein Leiter haben muß: Er soll »unbescholten sein, Mann *einer* Frau, besonnen, ehrbar, gastfrei, geschickt zum Lehren, kein Trinker, kein Raufbold, freundlich, nicht streitsüchtig, nicht geldgierig, seinem eigenen Haus gut vorstehend, kein Neubekehrter (wörtl.: keiner, der frisch gepflanzt ist), einen guten Ruf bei Außenstehenden haben«. Diese Merkmale sind wichtig für das Zeugnis nach außen und für das Vertrauen und das Leben in einem Kreis. Beim vorletzten Kennzeichen wird noch begründet: »Damit er nicht aufgeblasen wird.« Es zeigt sich als gefährlich für einen jungen Gläubigen, der erst frisch gepflanzt ist, wenn er zu schnell Verantwortung und damit Einfluß und Ehre bekommt. Er muß erst Wurzel schlagen. Es braucht Zeit, bis eine frische Pflanze genügend Wurzeln hat, um Stürmen standzuhalten und Blüten und daraus wiederum Früchte zu bringen. Er braucht erst noch Pflege und Beschneidung. Bengel schreibt dazu: »Neulinge haben gewöhnlich eine Fülle frischen Grüns. Der Bekehrte ist noch nicht durch das Kreuz beschnitten worden.«

Nun gibt es aber Kreise, wo dieses letzte Kriterium nicht anzuwenden ist, z. B. auf eine Gruppe, die durch eine Evangelisation ganz neu entstanden ist, die also aus lauter Neulingen besteht. Paulus ließ in einem ähnlichen Fall seinen Mitarbeiter Titus in Kreta, der nach einiger Zeit fähige Christen als Älteste einsetzte (Tit. 1, 5–9). Paulus ist hier so nüchtern, nicht zu fordern, daß diese Leute schon lange gläubig sein mußten. Sie hatten sich in der kurzen Zeit schon als Christen bewährt. Außerdem war Titus noch da als Betreuer der Gemeinden, der in schwierigen Fällen eingreifen konnte. Durch Briefe, persönliche Besuche und die Sendung von Mitarbeitern hat Paulus auch später immer wieder den Gemeinden weitergeholfen.

Bei der Aufzählung der Merkmale für Diakone wird von einer Art Probezeit gesprochen:

»Dieselben erprobe man zuvor, danach lasse man sie dienen, wenn sie unsträflich sind« (1. Tim. 3, 10).

Es ist nötig, potentiellen Leitern Gelegenheit zu geben, sich in einer Teilverantwortung oder auch für eine bestimmte Zeit in der eigentlichen späteren Aufgabe zu bewähren (nach Oswald Sanders).

Führungsqualitäten und Gefahrenpunkte

Zum Schluß noch einige Tugenden, die ein Leiter haben bzw. entwickeln sollte, die der Heilige Geist darüberhinaus jedem Gläubigen geben will: *Disziplin – Weisheit – Überblick – Weitblick – Entschlossenheit – Mut – Fähigkeit, Entscheidungen zu treffen – Fähigkeit, Pläne auszuführen – Ausdauer – Menschenkenntnis – Einfühlungsvermögen – Takt – Demut – Belehrbarkeit – Geduld – herzliche Liebe – Humor – Ausgeglichenheit – Fähigkeit, die Gaben im anderen zu wecken und ihm zu vertrauen – Fähigkeit, andere zu begeistern.*

Verschiedene Gefahrenmomente gilt es immer wieder zu bewältigen. Jemand faßte sie kurz zusammen in den Worten »Geld, Geschlecht und Ehre«. Noch etwas erweitert:

Stolz – Geltungstrieb – Eifersucht – Einbildung der Unersetzbarkeit – Eigensinn – Unbelehrbarkeit – Euphorie und Depression (Hochstimmung und Niedergeschlagenheit) – zu wenig Abhängigkeit von Gott u. a.

7. Gehorsam

Nun sind nicht alle zur Leitung berufen, sondern nur einige, die Gott sich dafür aussucht. Die Mehrzahl der Jünger sind Geleitete. Sie tragen ihren Teil, ihre Gabe bei zum Besten des Ganzen und zur Verwirklichung des Willens Gottes in der Welt. Damit der Dienst in rechter Weise geschehen kann (geordnet und schlagkräftig), ist Gehorsam gegenüber den Verantwortlichen nötig. In den neutestamentlichen Briefen finden wir zu diesem Thema eine ganze Reihe Anweisungen. So ermahnt Petrus die Jüngeren:

»Seid untertan den Ältesten!«

Für Führer und Geleitete gilt:

»Haltet fest an der Demut« und »Demütigt euch unter die gewaltige Hand Gottes« (1. Petr. 5, 5. 6).

Paulus schreibt:

»Seid einander untertan in der Furcht Christi« (Eph. 5, 21).

Eine andere Anweisung für die Geleiteten finden wir im Hebräerbrief (Hebr. 13, 17). Sie begründet auch, warum es gut ist zu gehorchen, und zeigt auf, daß Leiter Gott verantwortlich sind.

»Gehorchet euren Lehrern und folget ihnen; denn sie wachen über eure Seelen, als die da Rechenschaft dafür geben sollen; damit sie das mit Freuden tun und nicht mit Seufzen, denn das ist euch nicht gut.«

Der einzelne und die Gruppe können ganz entscheidend dazu beitragen, daß es dem Leiter Freude macht, seine Verantwortung wahrzunehmen, indem sie sich hinter ihn stellen, mitmachen, sich beteiligen und grundsätzlich zum Gehorsam bereit sind. Das heißt nicht, daß man in allen

Dingen einer Meinung ist, daß man aber um eines Zieles willen sich in den wesentlichen Dingen eins macht und auch mal eigene Vorstellungen und Wünsche begräbt. Es wird immer wieder verschiedene Sichten in einer Angelegenheit geben, genauso wie es vielfach verschiedene Wege gibt, die zu demselben Ziel führen. Oft sind sie gleichwertig. Es hat wenig Sinn, über Grundsatzfragen stundenlang zu streiten und zu diskutieren und damit die Zeit zu vertun. Natürlich soll man sich gegenseitig anhören, sachlich abwägen, aber dann muß irgendeine Entscheidung getroffen werden. Stell dich zu deinem Leiter, sag ihm, daß du hinter ihm stehst, auch wenn er sich für einen anderen Weg zum gleichen Ziel entschlossen hat, als du dachtest. Gott wird euer Tun segnen, wenn du bereit bist, Lieblingsgedanken loszulassen um der Einheit willen.

Wenn du es aber deinem Leiter möglichst schwer und der Gruppe das Miteinander unerträglich machen willst, brauchst du in deinem praktischen Verhalten nur einen der folgenden Punkte regelmäßig auszuführen:

- Tu nur das, wonach du dich fühlst.
- Tu nur das, womit du 100%ig einverstanden bist.
- Vergiß, was dir aufgetragen wurde.
- Erledige deine Aufgaben mit Schimpfen und Jammern.
- Fasse alles, was dir gesagt wird, als persönliche Beleidigung auf und sei nachtragend.
- Mache dir nie die Mühe, Mißverständnisse aufzuklären.
- Benimm dich so, als hättest du mehr zu sagen als der Leiter, besonders dann, wenn er nicht da ist.
- Bezweifle immer die Richtigkeit von Entscheidungen und fürchte immer das Schlimmste.
- Übersieh nie die Fehler des Leiters und sorge dafür, daß alle von ihnen wissen.
- Berücksichtige nie Mentalität und Herkunft des Leiters;

mach dir nicht die Mühe, sein Denken und Handeln zu verstehen.

– Nimm dir keine Zeit für den Leiter, um mit ihm zusammen zu beten

(in Anlehnung an das »Handbuch für Jünger Jesu« von Operation Mobilisation).

Gestehe dagegen deinem Leiter auch zu, Fehler zu machen. Sei dankbar dafür, daß er bereit ist, den Kopf hinzuhalten und Verantwortung zu übernehmen.

8. Korrektur: Ermahnung und Ermutigung

»Du sollst deinen Bruder nicht hassen in deinem Herzen, sondern du sollst deinen Nächsten zurechtweisen, damit du nicht seinetwegen Schuld auf dich ladest« (3. Mose 19, 17).

»Sündigt aber dein Bruder, so gehe hin und halte es ihm vor zwischen dir und ihm allein. Hört er dich, so hast du deinen Bruder gewonnen. Hört er dich nicht, so nimm noch einen oder zwei zu dir . . . Hört er die nicht, so sei er dir wie ein Zöllner und Heide« (Matth. 18, 15–17).

»Liebe Brüder, wenn ein Mensch etwa von einem Fehl übereilt würde, so helft ihm wieder zurecht mit sanftmütigem Geist« (Gal. 6, 1).

»Vermahnet die Unordentlichen, tröstet die Kleinmütigen, traget die Schwachen, seid geduldig gegen jedermann« (1. Thess. 5, 14).

»Heißes Eisen«

Der Dienst der Ermahnung ist wohl etwas vom Schwierigsten im Miteinander. Er ist eine Anfrage an das eigene Leben, weil er wie ein Bumerang auf uns selbst zurückkommt und uns trifft. Er ist daher zunächst meist ein undankbares Geschäft. Vielleicht wird er deshalb so vernachlässigt. Aber dennoch ist er nötig. Wo er nicht geübt wird, gibt es viel »Wildwuchs« und viele Fehlentwicklungen. Wenn in einem Kreis diese Aufgabe abgeschoben wird, schadet man sich auf die Dauer selbst und wird schuldig aneinander. Das griechische Wort »parakalein« bedeutet »zu etwas aufrufen, ermahnen, (freundlich) zurechtweisen, liebend zurechthelfen«, aber auch »ermutigen, trösten, ermuntern«. Beides gehört zusammen. Wohl dem, der zurechtgewiesen wird von einem Bruder, das ist ein Zeichen von dessen Liebe und Fürsorge; und wohl dem, der einen Bruder hat, der auch zur rechten Zeit tröstet.

Natürlich ist die *rechte Haltung* dem anderen gegenüber entscheidend. Wenn der andere empfindet, daß ich negativ, schulmeisterlich und kritisch ihm gegenüber bin, wird es ihm sehr schwer sein, meine Mahnung anzunehmen. Es ist gut, bevor man den anderen ermahnt, für sich selbst um Demut und Liebe zu bitten und für den Bruder oder die Schwester zu beten, ihn zu segnen, für ihn zu danken, ihn wirklich anzunehmen und den rechten Augenblick abzuwarten.

Wir sollten uns gegenseitig das Recht einräumen, einander zu ermahnen. Wenn wir dann ermahnt werden und nicht einverstanden sind mit dem, was uns gesagt wird, ist es gut, nicht gleich zu reagieren und sich selbst zu rechtfertigen. Es ist ratsam, wirklich hinzuhören, die Ermahnung einfach einmal anzunehmen, darüber nachzudenken und Gott zu fragen, ob nicht wirklich etwas vorliegt (vgl. Jak. 1, 19). In den meisten Fällen steht zumindest ein Teil der Wahrheit hinter einer solchen Infragestellung. Auch beißende Kritik von außerhalb sollten wir nicht einfach vom Tisch fegen. Was zu ändern ist, sollte man ändern und gemachte Fehler auch eingestehen. Ermahnung und Kritik nötigen uns zu einer gesunden Selbstüberprüfung. Allerdings sollten wir nicht stehenbleiben und uns davon nicht in unserem Lauf aufhalten lassen.

Zum Nachdenken:

– Wann bin ich empfindlich und eingeschnappt?
– Bin ich *jederzeit* bereit, mich *von jedem* zum Höchsten anhalten zu lassen?
– Bin ich bereit, jeden zum Höchsten anzuhalten?

Ermahnung ist nicht nur Aufgabe des Leiters. Jeder Christ hat das Recht und die Pflicht, seinem Bruder oder seiner Schwester zurechtzuhelfen. Ermahnung soll also nicht nur »von oben nach unten« geschehen, sondern auch untereinander; und wenn ein Verantwortlicher schuldig wird, auch »von unten nach oben«.

Absprache

In den Zusammenhang mit dem Thema Gehorsam, Ermahnung und Korrektur gehört auch die Frage der gegenseitigen Absprache. Wer in verbindlicher Gemeinschaft lebt, wird den Rat der Brüder ernst nehmen, um ihn bitten und sich auch danach richten; vor allem bei wichtigen Entscheidungen wie Berufswahl, Berufswechsel, Wohnungswechsel, Wahl des Lebenspartners, bei größeren Anschaffungen usw. Eine verbindliche Regelung dieser Art beschneidet unser Unabhängigkeitsstreben und unsere Eigenmächtigkeit, aber sie ist heilsam, weil unsere Wünsche und Vorstellungen Korrektur erfahren. Unsere Nächsten sind meist objektiver als wir selbst. Und wir erfahren immer wieder eine Bestätigung für dieses Vorgehen. Der Gehorsam dem Rat der Geschwister gegenüber hat schon manchen vor verkehrten und übereilten Schritten mit tragischen Folgen bewahrt.

Ein Beispiel:

»Es war in der Zeit, als ich meine Frau kennenlernte. Ich war in
einem Kreis, in dem ich einen persönlichen Seelsorger hatte. Wir
trafen uns öfters, und er kannte mich recht gut. Bei einer Freizeit
sprach er mich dann an und fragte mich: »Sag mal, was ist mit dir
los? Du siehst so anders aus. Hast du eine Freundin?« Ich sagte
»ja«. Er fragte mich, ob ich mit ihm etwas eingehender darüber
sprechen wollte. Ich bejahte, und wir machten einen Termin aus.
Er stellte mir dann einige eindringliche Fragen, z. B.: »Sag mal,
ist sie ein Christ?« – »Ja.« – »Ist sie wirklich Christ?« – »Ja.« Weil
ich von Beruf Gärtner bin, fragte er mich auch: »Paßt sie auch in
eine Gärtnerei?« Auch das konnte ich bejahen. Nach diesem
»Verhör« war er mit mir zufrieden und bat mich, ihm das Mädchen auch vorzustellen. Er hat mir recht scharf auf die Finger gesehen, aber ich bin ihm heute noch dankbar dafür. Es war dann
die Richtige . . .«

K. O., Gärtnermeister, 16 Jahre verheiratet

Manöverkritik

In diesen Rahmen gehört auch die sogenannte »Manöver-
kritik« nach einem gemeinsamen Einsatz (z. B. Team-
gottesdienst) oder nach einer Jugendstunde oder Freizeit.
Wir sollten im Mitarbeiterkreis nicht einfach draufloswirt-
schaften, sondern Zwischenbilanz ziehen und im Vollzug
lernen: aus Fehlern und aus Erfolgen. Die Eindrücke der
verschiedenen Mannschaftsglieder geben wahrscheinlich
in etwa ein Bild, wie es auch die Angesprochenen empfun-
den haben. Vielleicht hat einer ein Zeugnis gesagt und bestimmte Wahrheiten überdreht, so daß anderen Mitarbeitern nicht ganz wohl dabei war. Im Verantwortlichenkreis
sollte die Offenheit vorhanden sein, solche Eindrücke in
Liebe auszusprechen. Dazu gehören Mut und Bereitschaft
zum Hören; aber so kann man sich gegenseitig helfen und
dazulernen. Ratsam ist allerdings, solch eine Manöverkri-
tik nicht gleich im Anschluß zu haben, weil man noch so

voll von den Ereignissen ist und der »Gärprozeß« noch nicht abgeschlossen ist. Am nächsten Tag kann man meist etwas sachlicher sein Anliegen vorbringen. Dann zeigt sich, ob mein Eindruck nur subjektiv war und nicht für alle zutrifft, oder ob die anderen Mannschaftsglieder genauso empfanden. Es ist gut, solche Eindrücke in Form einer Frage anzubringen und nicht als absolute Aussage, die verletzt. Wenn allerdings alle den gleichen Eindruck hatten, muß der Betreffende, der das Zeugnis sagte, auch bereit sein, diese Korrektur anzunehmen.

Gemeindezucht

In jedem Kreis, besonders aber im Mitarbeiterkreis, ist Ordnung und Disziplin nötig. Wenn jemand in offensichtliche Sünde fällt und darin verharrt, darf man das nicht schleifen lassen. Wir als Verantwortliche merken vielleicht, daß eine zunächst unscheinbare Sache sich negativ auswirkt (Sünde oder falsch verstandene Freiheit). Dann ist es nötig, daß wir konsequent dagegen angehen und diesen Menschen zurechtweisen, in Demut und Liebe. Weichliches Nachgeben, Entschuldigen und Zudecken wird zur Bedrohung des geistlichen Lebens des einzelnen und der Gemeinschaft. Paulus nennt in 1. Korinther 5, 6–7 die Gefahr, daß »ein wenig Sauerteig den ganzen Teig versäuert«. Wir müssen darauf achten, daß die Sünde nicht um sich greift, andere ansteckt, und am Ende der ganze Kreis daran kaputtgeht. Aus Matthäus 18 können wir die richtige Verhaltensweise entnehmen. Dort wird uns gesagt, daß zunächst ein Gespräch unter vier Augen stattfinden soll. (Diese Anweisung ist auch ein Hinweis, daß wir nicht über die Schlechtigkeiten anderer mit Dritten reden und klatschen sollen, sondern mit dem Betroffenen selbst.) Wenn der Bruder nicht hört, sollen noch ein oder zwei Brüder hinzugenommen werden. Wenn das immer noch nicht zu einer Änderung führt, soll der Fall vor die Gemeinde kommen, die dann bei Unbußfertigkeit den Betreffenden ausschließt. In einem Kreis heißt das, daß die Verantwortlichen konsequent sind und etwa sagen: »Unter diesen Umständen kannst du bei uns nicht mehr mitarbeiten!« Das scheint hart, ist aber die Linie des Neuen Testaments, die zum Besten der Gemeinschaft und zum Besten für den Betroffenen dienen soll. Allerdings muß das unter Gottes Führung, unter Gebet und in einer Liebe geschehen, die nicht nur dem Bruder die Tür offenhält, wenn er in Buße wieder umkehrt, sondern die ihm sorgend nachgeht, in vordringlicher Mission. Wir werden einen Ausschluß nur dann im Geiste Jesu vollziehen können, wenn unser Leid über den Ausgeschlossenen größer ist als das Bewußtsein der Pflicht gegenüber der Gemeinde.

9. Einheit

»Seid fleißig zu halten die Einigkeit im Geist« (Eph. 4, 3).

»Ich ermahne euch aber, liebe Brüder, durch den Namen unseres Herrn Jesus Christus, daß ihr allzumal einerlei Rede führet und lasset nicht Spaltungen unter euch sein, sondern haltet fest aneinander in einem Sinne und in einerlei Meinung« (1. Kor. 1, 10).

Sünde bekennen – Die Bitte um Verzeihung

Eine Folge der Sünde ist Trennung, sie trennt von Gott und sie trennt vom Bruder. Sünde zerstört das Miteinander. Weil die Neigung zur Sünde so tief in unserem Herzen sitzt, sich immer wieder bösartig äußert und nach außen dringt, wird das Miteinander immer wieder bedroht und gefährdet. Aber Gott kann uns die Kraft geben, unsere bösen Neigungen zu überwinden, und statt dessen Früchte des Geistes in uns wachsen lassen (Gal. 5, 16–26). Das bedeutet, daß wir manche unserer Wünsche, Vorstellungen und Gefühle »in den Tod geben«, uns selbst verleugnen, Rechte loslassen, Teile unseres Lebens nicht festhalten, sondern um Jesu willen verlieren. Dazu gibt es viele Gelegenheiten im Miteinander. Gemeinschaft und Einheit wird nur da, wo Menschen bereit sind, loszulassen und sich selbst zu vergessen.

Wenn man schuldig geworden ist und sich versündigt hat, gibt es den Weg zum Kreuz, der immer offen ist. Wenn Brüder sich beugen, ihre Sünde bekennen, durch das Blut Jesu sich reinigen lassen (1. Joh. 1, 5–9), auch einander um Verzeihung bitten und sich vergeben, wird zerbrochene Gemeinschaft heil und neu, ja in einer tieferen Weise geschenkt.

Gemeinschaftszerstörer

Vielfach zerbricht die Gemeinschaft und Einheit, weil man sogenannte »kleine Dinge« nicht ernst nimmt und nicht als Sünde ansieht und bekennt, wie z. B. Reizbarkeit und Launenhaftigkeit, Neid, Empfindlichkeit, Sich-Verschließen, Kritiksucht, Unbeugsamkeit, Unnachgiebigkeit, übersteigertes Selbstbewußtsein usw.

Hier einige weitere gefährliche, oft übersehene Gemeinschaftszerstörer:

– *Rechthaberei;* d. h. Sturheit, Eigensinn, Unbelehrbarkeit
– *Selbstrechtfertigung;* d. h. keine Buße, immer »schuldlos«, Schuld auf die Umstände und die anderen abwälzen

- *Ironie;* d. h. spitze, verletzende Worte, oft witzig, scheinbar humorvoll, aber spitze Pfeile, die tiefe Wunden hinterlassen
- *Verletzender Umgangston;* d. h. gereizt, ablehnend, schroff, hochnäsig, gleichgültig usw.
- *Stolz;* d. h. Überheblichkeit, Verachtung der anderen, oder auch: »Ich brauche niemand, damit muß ich allein fertigwerden«
- *Undankbarkeit* für die Gemeinschaft
- *Gleichgültigkeit* und *Gewöhnung*
- *Unaufrichtigkeit,* Masken tragen
- *Mißtrauen*

Diese Dinge müssen als Sünde bekannt und durch die Kraft des Heiligen Geistes überwunden werden.

»Rückfrage genügt!«

Sehr oft sind es auch unausgesprochene Vorbehalte oder Mißverständnisse, die man nicht klärt, die unser Miteinander hemmen. Eine schnelle Aufforderung des Leiters interpretiert man z. B. als Ablehnung der eigenen Person. Wenn er dann noch vergißt zu grüßen und mit anderen scheinbar viel freundlicher und zuvorkommender umgeht, wird unser Mosaik immer vollständiger. Wir sammeln ein Steinchen zum anderen, so daß wir unsere Ängste, unsere Ablehnung, unser Mißtrauen usw. erklären und begründen können. Damit bauen wir aber auch gleichzeitig Trennwände auf, die es uns und dem anderen immer schwerer machen, zueinander zu kommen. So bleibt man für sich, verschanzt sich hinter seinen Mauern, ist unglücklich über sich selbst und verärgert über die anderen. Die Lösung liegt darin, daß man aufeinander zugeht und offen miteinander spricht: »Sag mal, hast du etwas gegen mich? Ich hatte den Eindruck, daß . . ., weil . . .« Gotteskinder sollten ganz sachlich auch über solche Dinge miteinander sprechen können. Der Gefragte darf genauso sachlich und ehrlich sagen, wie es wirklich war. Wenn die Eindrücke unbegründet und nur eingebildet oder falsch interpretiert waren, haben diese Gedanken nun ihre Grundlage verloren, statt dessen gibt es große Erleichterung und Freude. War tatsächlich etwas dran, so kann man sich entschuldigen und ehrlich sein über das, was im eigenen Herzen und im Handeln an Sünde da war. Wenn man so vor Gott kommt, miteinander betet, sich vergibt und neu annimmt, macht Gott die Gemeinschaft und Einheit auch hier stärker als zuvor.

Einheit in praktischen Fragen

Ist man sich in ganz praktischen Fragen nicht klar, was richtig ist, wird Gott Weisung und Führung geben, wenn alle bereit sind, Gottes Willen zu tun und die eigenen Vorstellungen dranzugeben. Er tut das im gemeinsamen Hören auf sein Wort, durch seinen Geist, im gemeinsamen Gebet, durch die Umstände, durch ganz nüchterne Überlegungen oder auch durch das wegweisende Wort eines Bruders.

Konkret könnte das etwa folgendermaßen aussehen:

Es geht z. B. darum, einen evangelistischen Abend vorzubereiten. Welches Thema? Welcher Text? Welche Lieder? Anspiele? usw.

Nach gemeinsamem Gebet um Gottes Leitung schreibt jeder für sich – betend nach Gott hin ausgerichtet – auf, was ihm wichtig zu sein scheint, mit oder ohne Begründung. Dann liest jeder reihum vor. Dabei stellt sich u. U. eine erstaunliche Übereinstimmung heraus (Fall 1), so daß man nun getrost in dieser Richtung arbeiten kann.

Es kann aber auch sein, daß z. B. vier von fünf Mitarbeitern übereinstimmen, einer aber nicht (Fall 2). Wenn er die Vorschläge der anderen hört, merkt er vielleicht: »Was ich meine, ist nicht vordringlich in der Situation dieses Ortes, das Thema der anderen ist viel aktueller.« Er stellt sich dann hinter die anderen und erklärt sich mit dem Vorschlag der vier einverstanden.

Vielleicht ist jemandem trotz Nachdenkens und betenden Hörens nichts deutlich geworden (Fall 3), dann soll er es einfach sagen: »Mir ist nichts gekommen. Ich weiß nicht, was man tun sollte.« Leuchten ihm die Vorschläge der anderen ein, sind sie nicht gegen sein Gewissen und seine Überlegungen, dann sollte er sich entschließen, dazu ja zu sagen und sich mit den anderen eins zu machen.

Wenn in einer Frage überhaupt keine Einheit zustandekommt (Fall 4), muß man sich fragen, woran das liegt. Sind die Motive der einzelnen rein und selbstlos? Wenn Sturheit, Eigenwille oder falscher Ehrgeiz blockieren, kann durch Beugung vor Gott und den Brüdern neue Einheit werden. Es ist nötig, wirklich selbstlos den Willen Gottes und seine Ehre zu wollen.

Wenn zwei Sichten gleichwertig nebeneinander stehen, keine Einigung möglich ist, aber eine Entscheidung getroffen werden muß (Fall 5), sollte der Leiter das letzte Wort haben, und die anderen Mitglieder sollten bereit sein, seine Entscheidung zu akzeptieren.

Ist eine Entscheidung in einer grundlegenden Sache noch nicht reif (Fall 6), so hat es keinen Sinn, sie durchzupauken. Es ist dann vernünftiger, sie anstehen zu lassen und weiter um Klarheit zu beten, als das Gewissen der Geschwister zu überrollen. Jeder muß wirklich das Recht und die Freiheit haben, seine Sicht beizutragen und Bedenken anzumelden; er ist ja auch vor Gott für verkehrte Schritte verantwortlich.

Demokratische Abstimmung?

Frage: Ist demokratische Abstimmung unbiblisch? In der Bibel ist kein Beispiel für sie zu finden. Das biblische Prinzip ist Leitung durch den Geist Gottes, was Gespräche oder sachliche Überlegungen nicht ausschließt. Im betenden Hören kann Gott Einheit wirken, wenn alle Beteiligten die rechte geistliche Haltung einnehmen (vgl. Apg. 13, 1–3; 15, 1–31). Aus den genannten Stellen sehen wir auch, daß nicht alle Christen der Gemeinden nach ihrer Meinung zu einem Problem gefragt wurden. Diese Frage wurde im Apostelkreis, also im Verantwortlichenkreis, besprochen und entschieden. Wenn alle gleiches Mitspracherecht gehabt hätten, wäre wohl nie eine Einigung zustande gekommen, sondern alles zerredet worden. – Das Ergebnis der Beratungen wurde dann den Gemeinden mitgeteilt und war für die betroffenen Parteien bindend.

Hier taucht sofort die Frage der Autorität und der Führung auf. Wir sagten schon, daß Leitung und Gehorsam biblische Prinzipien sind. Das bedeutet aber nicht, daß die Bibel willkürliche diktatorische Führung gutheißt. Letzte Autorität ist Gott selbst. Er beschneidet alle menschliche Autorität durch sein Wesen und seinen Willen. Alle wahre und geistliche Autorität unter Menschen ist außerdem ein Abbild der Autorität, die Gott ausübt. Wie wir sehen, zwingt Gott niemanden zum Gehorsam; allerdings muß der Mensch auf der anderen Seite auch die Konsequenzen eines Ungehorsams tragen. Gott möchte, daß wir seinen

Willen gerne, freiwillig, aus Liebe, aus Dankbarkeit, auf Grund eines Vertrauensverhältnisses tun. So soll auch das Verhältnis der Menschen untereinander, des Leiters zu seinen Mitarbeitern, der Gruppe oder Gemeinde zur Leitung – und umgekehrt – ein Verhältnis der Liebe, des grundsätzlichen Vertrauens und der Demut sein.

Je größer ein Kreis wird, um so schwieriger wird es aber, alle Meinungen unter einen Hut zu bringen, weil in alle geistlichen Fragen viel Menschliches hineinspielt. So kann es z. B. bei der Vorbereitung einer Großveranstaltung, bei der sehr viele Gruppen und Persönlichkeiten mitsprechen, um der menschlichen Schwachheit willen und um überhaupt weiterzukommen, nötig sein, demokratisch abzustimmen.

Das ist aber eine Ausnahme und nicht der Normalfall. Besser ist es, wenn man von Gott her eins wird und jeder sich ganz hinter eine Entscheidung stellen kann.

Eine andere Möglichkeit wäre, die Frage oder Aufgabe einem gewählten kleinen Kreis zu übergeben, dessen Entscheidungen akzeptiert werden.

10. Gemeinsamer Dienst

Christsein ist niemals Selbstzweck. Genau so wenig darf verbindliche Gemeinschaft Selbstzweck sein. Wir sind dazu da, Gott zu ehren und sein Lob zu verkündigen (Matth. 5, 16; Eph. 1, 6. 12. 14; 1. Petr. 2, 9), Frucht zu bringen (Joh. 15, 8. 16), in alle Welt zu gehen, das Evangelium zu verkündigen und Menschen zu retten (Matth. 28, 18–20; Mark. 16, 15; Apg. 1, 8; Matth. 4, 19). Gott stellt uns also zusammen, damit wir uns gegenseitig dienen, jeder mit der Gabe, die er empfangen hat (1. Kor. 12; 1. Petr. 4, 10), damit der Leib Christi auferbaut und die Glieder fähig werden zum Dienst nach draußen (Eph. 4, 7. 11–16). Missionarischer Dienst ist uns aufgetragen. Wer nicht missionarisch tätig wird, verkümmert und stirbt geistlich. Im Einsatz für Gott wächst man. Man macht Erfahrungen mit Gottes Wort; es wird lebendig und beweist seine Kraft. Der persönliche Auftrag und die Berufung werden klarer. Gebet und Glaube werden konkret. Dabei wird ständige Reinigung notwendig werden, weil man sonst unfruchtbar bleibt. Indem man Gottes Auftrag folgt und geht, wächst Menschenkenntnis und eigene Produktivität, Gaben werden entwickelt. Die Gemeinschaft wird durch gemeinsamen Dienst bereichert. Die Glieder lernen sich kennen, gemeinsame Erfahrungen und Schwierigkeiten schweißen sie zusammen. Es ist ein Vorrecht und eine Erleichterung, in einer Gruppe und nicht allein unterwegs sein zu können.

Die Möglichkeiten zu einem solchen Einsatz sind vielfältig:

- Krankenhaussingen mit Traktatverteilung
- Freiversammlungen – Singen – Traktatverteilung – kurze Ansprachen – persönliche Zeugnisse – Einzelgespräche
- Aktion in jedes Haus
- Christliche Meinungsumfrage mit Gesprächen
- »Open house«, Teestube o. a.
- Offene Abende – mit Gesprächen
- Dienste in anderen Gruppen oder Gemeinden
- Gestaltung von Gottesdiensten oder Gemeindenachmittagen usw.

Fragen zum Nachdenken:

- Bin ich bereit, jederzeit mein Bestes zu geben und meine Zeit auszukaufen?
- Bin ich bereit, meinen Glauben anderen mitzuteilen (1. Petr. 3, 15)?
- Bin ich bereit, mich für Jesus zu blamieren?
- Wo legt uns Gott als Zweierschaft, Hauskreis usw. Aufgaben vor die Füße, in der Gemeinde, im Dorf oder Stadtteil, in der Nachbarschaft, in der Schule, in unserer Gegend usw.?
- Was sind unsere Anliegen und Ziele, was ist unsere Daseinsberechtigung?
- Was ist unser Beitrag zur Weltmission (Beten – Geben – Gehen)?

11. Verbindliche Ordnungen

Weil wir alle stark vom Individualismus und vom Unabhängigkeitsdenken geprägt sind oder auch von einer Abneigung gegen alles, was mönchisch oder gesetzlich aussieht, haben wir meist einen inneren Widerstand gegen Regeln oder verbindliche Ordnungen. Wir vergessen dabei leicht, daß jedes Zusammenleben ein Minimum an Ordnung braucht. Jede soziale Gruppe hat ausgesprochene oder unausgesprochene Regeln, jeder Verein hat eine Satzung, in der er seine Ziele und Mitgliedschaftsbedingungen festlegt; und *wir* wollen im geistlichen Leben in falscher, übergeistlicher Weise nur »spontan« leben? Ist unsere Abwehr nicht sehr oft die Flucht vor der Verantwortung, die Angst davor, einen geistlichen Offenbarungseid leisten zu müssen, die Angst, daß unser Christsein sich auf einmal sehr konkret beweisen müßte? Es geht hier nicht darum, neue Gesetze und Lasten aufzuerlegen. In den Ordnungen (und dem unter II. und III. Gesagten) sollen biblische Leitlinien aufgezeigt werden, die für das geistliche Leben von entscheidender Bedeutung sind und die beachtet werden wollen. Je nach Situation wird die Verwirklichung wieder anders aussehen. Diese Leitlinien wollen zum Gespräch anregen und Orientierungshilfe sein. Die einzelnen Bereiche im persönlichen und gemeinsamen Leben stellen ein Übungsfeld dar. Wir sollten uns daraufbegeben und anfangen mit unseren Übungen. Indem wir das Erkannte anwenden, werden wir wachsen und Erfahrungen sammeln und merken, daß wir dadurch fit bleiben. Unser Christsein wird aus der grauen Theorie heraustreten und überzeugend werden, unsere Gemeinschaft missionskräftig.

Ordnungen können nicht aus sich selbst geistliches Leben bewirken, aber sie können unserer Vergeßlichkeit, Schwachheit und Nachlässigkeit zu Hilfe kommen, uns immer wieder das Ziel aufzeigen und uns nötigen, uns 1. an Gott zu wenden und 2. die Geschwister um Hilfe zu bitten.

Eine Regel ist also eine Art Zielangabe, ein Maßstab, an dem ich mich selbst messen kann, an dem auch der andere meine Fortschritte oder Rückschritte sehen kann (Eintragungen in ein Tagebuch oder Arbeitsbuch sind zu empfehlen). Sie hilft beim Rechenschaftgeben und zeigt, ob bestimmte Maßnahmen zu ergreifen sind. Es ist klar, daß solche Regeln niemandem übergestülpt werden können. Sie müssen vom einzelnen ersehnt, als Hilfe erkannt und bejaht werden.

Wir unterstellen uns der Ordnung nicht um ihrer selbst willen, sondern um Jesu willen, damit seine Sache gefördert wird. Ziel dieser Disziplin ist ja, für Jesus noch besser da zu sein, seinem Namen mehr Ehre zu machen, ihm mit einem glaubwürdigeren Leben in einer glaubwürdigeren Gemeinschaft Freude zu bereiten.

In einem Mitarbeiterkreis werden die Erkenntnisse über biblische Wahrheiten in einer Art Regel oder Ordnung oder in sogenannten »geistlichen Richtlinien« für unser persönliches Leben ihren Niederschlag finden. Eine gewisse gemeinsame Basis der Zusammenarbeit muß gefunden werden, die jeder für sich als verbindlich sieht und anerkennt. Wer das nicht tut, kann nicht im engeren Kreis der Mitarbeiter sein. Das bedeutet Abgrenzung, aber auch einen guten Weg, der den einzelnen prüft, fordert und fördert und gute gemeinsame Arbeit ermöglicht. Die schriftliche Festlegung ist eine unerläßliche Hilfe. Sie schafft Klarheit und ist ein Mittel gegen unsere Vergeßlichkeit. Solche verbindlichen Richtlinien können nur gemeinsam aufgestellt oder abgeändert werden. Manchmal zeigt sich in der Praxis im Laufe der Zeit, daß eine Regel nicht durchführbar und fallen zu lassen ist oder daß eine Veränderung oder Ergänzung nötig ist. Diese Freiheit sollte unbedingt vorhanden sein. (Ein Beispiel für eine Mitarbeiterordnung findet sich auf S. (114.)

In einer Zweierschaft und in einem verbindlichen Seelsorgerverhältnis braucht es nicht unbedingt eine schriftliche, umfassende Ordnung, obwohl die genannten Grundlinien auch hier anwendbar sind. Die Verbindlichkeit besteht hier vielmehr darin, daß man übereinkommt, bestimmte Verhaltensweisen einzuüben bzw. auszumerzen, sich dabei gegenseitig zu helfen und Rechenschaft zu geben. Der Geist Gottes wird uns mahnen und wunde Punkte aufdekken, an denen wir arbeiten müssen. Das werden von Zeit zu Zeit immer wieder andere Dinge sein. Offenheit voreinander ist nötig und die Bereitschaft zur Änderung. Wenn wir das Mahnen Gottes für uns behalten, können wir weiterschludern. Wenn wir aber ehrlich werden vor dem Bruder oder Seelsorger, sind wir genötigt, irgendwie Stellung zu nehmen und etwas zu unternehmen.

Konkret könnte das etwa so aussehen:

Der Geist Gottes mahnt z. B. einen Schüler, keine Süßigkeiten mehr zu kaufen (Geld- und Gesundheitsfrage!). Mögliche Konsequenz daraus nach Übereinkunft mit dem anderen und Zusage der Hilfe durch ihn: »Ich will in den nächsten Wochen an dem Süßigkeitskiosk in der Schule und am Bahnhof vorbeigehen!«

Oder: Gott zeigt einer Mutter, daß ihre Nörgelei am Mann und an den Kindern Sünde ist und die Familienatmosphäre vergiftet. Konsequenz daraus z. B. – nach Übereinkunft mit einem Beistand –: »Ich will positiv und freundlich sein, wenn mein Mann und meine Kinder nach Hause kommen; für sie beten; mein Herz weit machen und mir überlegen, wo ich ihnen ein Lob aussprechen und sie ermutigen kann, z. B. für gemachte Schulaufgaben, Hilfsbereitschaft o. ä.«

Oder einen Familienvater mahnt er, mehr Zeit für die Familie zu nehmen usw.

In all den aufgeführten Beispielen ist der erste Schritt das Achten auf die Mahnung des Geistes Gottes, dem die Einsicht und das Bekennen vor dem anderen folgen. Gemeinsam kann man klären, Pläne zur Änderung fassen und sich gegenseitig allen möglichen Beistand anbieten, – den rechten Weg aber kann der Herr nur den *Betern* klarmachen, und alle Willenskraft zur Änderung erhalten wir nur durch *Bitte* und *Fürbitte*. Oft wird es heißen, sich in Geduld zu üben, oft wird Gott ein Gebet in Einigkeit sofort und wunderbar erhören. Immer aber wird schon die Zweierschaft unter Glaubenden, die völlig mit Jesus Christus rechnen, eine besondere Qualität haben, denn der Herr hat ihr große Verheißungen gegeben (Matth. 18, 19. 20).

IV. Verbindliches Miteinander – positive Auswirkungen und Vermeidung von Gefahren

1. Positive Auswirkungen

Gegenseitige seelsorgerliche Hilfe

Sie ist erst richtig in einem verbindlichen Miteinander möglich. Man lernt sich kennen mit allen seinen Schwächen und Stärken. Man kann sich gegenseitig weiterhelfen und korrigieren. Im Miteinander schleift man sich gegenseitig ab. »Edelsteine werden durch Edelsteine geschliffen!« – so gewinnen sie an Schönheit und Leuchtkraft. Der einzelne wird in seinem geistlichen und praktischen Alltag gefördert und zum Guten hin verändert. Es geschehen Wachstum und Reifung, wie sie nicht möglich wären, wenn jeder ›solo‹ sein christliches Dasein leben würde.

Effektiver Einsatz der verschiedenen Gaben – gegenseitige Ergänzung

Im Miteinander entdeckt der einzelne seine Gaben (auch seine Begrenzungen und Schwächen), lernt, sich richtig einzuschätzen und seinen Beitrag zum Ganzen zu geben. Seine Gaben können sich entfalten unter den günstigen Voraussetzungen der Gemeinschaft, die seine Schwächen ergänzt und auffängt. Jeder lernt, dem anderen mit seiner Gabe zu dienen (1. Kor. 12).

Geborgenheit

Gegenseitige Annahme, Liebe und Fürsorge füreinander

vermitteln die nötige Nestwärme, die jeder Mensch braucht, um nicht zu verkümmern und um sich entfalten zu können. Die Einordnung in eine verbindliche Gemeinschaft bedeutet auch Halt in einer von Unsicherheit und Heimatlosigkeit gekennzeichneten Welt; und man darf von einzelnen wie von der Gemeinschaft *konkrete* Hilfe gegenüber der Feindschaft der Welt erwarten. Wir werden unsererseits bereit sein, diese zu geben.

Missionarische Anziehungskraft

Wo eine Gruppe in Einheit und Liebe lebt, in immer neuer Reinigung und Hingabe an Gott, an die Brüder und an die Welt, kommen Außenstehende zum Glauben. Die Menschen werden kommen »wie die Motten zum Licht«, weil sie spüren und empfinden: Da ist Gott! – Da ist das zu finden, was ich schon lange suche! (vgl. Apg. 2, 42–47).

Vollmacht in Verkündigung und Seelsorge

»Einigkeit macht stark!« Diese allgemeine Wahrheit gilt auch im geistlichen Bereich. Matthäus 18, 18–20 bestätigt diesen Tatbestand. Im missionarischen und seelsorgerlichen Dienst bekennt sich Gott zu einer Gruppe, die in Einheit kämpft und wirkt. Menschen kehren sich Gott zu und werden frei von Gebundenheiten und Mächten.

2. Vermeidung von Gefahren

Verbindliches Leben ist nicht immer gleichbleibend, auch nicht ideal in dem Sinn, daß es keine Schwierigkeiten gäbe. Es ist genausowenig ideal und problemlos wie das Leben an sich. Leben zeigt sich gerade darin, daß es durch Höhen und Tiefen geht, durch Tage des Krankwerdens, aber auch des Genesens und Unbeschwertseins. Verbindliches Leben ist nicht statisch, sondern dynamisch. Und doch besteht ein wesentlicher Unterschied zwischen natürlichem und geistlichem Leben: Das geistliche Leben überwindet den Tod und die Sünde und trägt am Ende den Sieg in jedem Fall davon. Wir brauchen nicht zu erschrecken, wenn verbindliche Gemeinschaft und Jüngerschaft in Krisen kommen: Gott hat immer eine Möglichkeit zur Überwindung, wenn wir glaubend an ihm bleiben. Oft benutzt Gott gerade Krisen, um uns wieder auf die entscheidenden Dinge zu stoßen, uns unseren Zustand zu zeigen und uns zu erneuern.

Routine und Veräußerlichung

Bei Übungen, die immer wiederkehren, die jedesmal gleich ablaufen, besteht die Gefahr der »seelenlosen Technik«. Man beherrscht alles, und doch ist das Leben, der eigentliche Inhalt, gewichen. Gebet, Stille Zeit, Bibellesen, Reden, Zeugnisgeben usw. – alles kann Technik und Pflichtübung werden, ohne »Herz«. Immer wieder werden wir in der Spannung stehen: auf der einen Seite die Regeln, die notwendigen sich wiederholenden Übungen – auf der anderen Seite das Spontane, Ursprüngliche. Wenn wir in Routine und Veräußerlichung geraten sind, heißt das: Alarm! Ich bin aus der Einflußsphäre von Gottes Geist geraten. Es ist ein gutes Zeichen, wenn ich darunter *leide*. Wir müssen uns vor Gott beugen, unseren Zustand bekennen und ihn bitten, unser Verhältnis zu ihm ganz neu und herzlich und echt zu machen. Das geistlich ursprüngliche Leben muß immer wieder neu gewonnen werden!

Gesetzlichkeit

Wer bemüht ist, in der Heiligung voranzukommen, Gottes Willen zu tun und verbindliche Regeln einzuhalten, gerät leicht auf den Weg der Werkgerechtigkeit und Gesetz-lichkeit. Das Gut-sein-Wollen, das Streben danach, Gott und Menschen etwas vorweisen zu können, besser zu sein als andere, steckt tief in jedem von uns. Aber wir können Gott niemals gefallen mit unserem eigenen Schaffen. Alles menschlich-fleischliche Mühen läuft sich tot. Es führt zu Selbstgerechtigkeit, Härte, Richtgeist und Gesetzlichkeit oder auch zur Resignation. Hier ist es nötig, daß ich ganz neu die Grundlage des Christseins sehe, nämlich, daß Gott mich geliebt hat, bevor ich überhaupt an ihn dachte (Röm. 5, 8), daß er mich zuerst geliebt hat (1. Joh. 4, 19). Mich, den unwürdigen Sünder, hat er aus Gnade, d. h. aus unverdienter Liebe, gerecht gemacht, aufgrund des Opfertodes Jesu, aufgrund des Glaubens (Eph. 2, 8–10). Ich habe mich zu beugen über mein hartes, stolzes und selbstgerechtes Herz und muß mich neu auf sein Tun gründen und mich erwärmen und beschenken lassen aus seiner unverdienten Barmherzigkeit und tiefen Liebe zu mir.

Falsche Vertraulichkeit, seelische Bindungen

Die Tatsache, daß man den anderen wirklich zur Korrektur und Ergänzung braucht, kann überdreht werden, wenn man nämlich mit jeder Kleinigkeit, jedem Gedanken und jedem Wehwehchen zum anderen läuft, wenn man am anderen klebt und nicht mehr ohne ihn sein kann, wenn einer den anderen seelisch aussaugt.

Dann ist nicht mehr Jesus Mitte und Grundlage des Miteinanders, sondern menschlich-seelische, selbstsüchtige Interessen. Dann steht Gott nicht mehr trennend und einend zwischen zwei Menschen. David und Jonathan hatten eine herzliche Freundschaft, aber die Mitte war Gott: »Der Herr stehe zwischen mir und dir« (1. Sam. 20, 23. 42).

Zu verkehrten seelischen Bindungen an Menschen kommt es, wenn der einzelne nicht mehr allein vor Gott steht und sein persönliches Leben mit Gott vernachlässigt. Gott muß die Mitte bleiben, die Quelle unseres Miteinanders. Bonhoeffer bringt das zum Ausdruck, wenn er sagt, daß »wir den Bruder nur in Christus haben«, und nur soweit, »wie Christus in mir und auch im anderen wirken kann«.

Besonders der Seelsorger muß darauf achten, daß er Menschen nicht an sich bindet, sondern an Christus, und sie mit seiner Hilfe zur Selbständigkeit im Glauben führt.

Cliquenwirtschaft

Jede Zweierschaft oder verbindliche Gruppe steht in der Gefahr, sich abzukapseln; und, weil man sich in diesem kleinen Kreis so blendend versteht, niemanden mehr hinzuzunehmen. Dann ist irgend etwas faul. Kennzeichen einer gesunden Zelle und Gruppe ist Aufnahmefähigkeit für Neue bzw. die Bereitschaft, von heute auf morgen mit einem ganz anderen Menschen zusammengestellt zu werden.

Selbstgenügsamkeit

Eine Zweierschaft, ein Mitarbeiterkreis, ein Hauskreis oder auch eine Jugendgruppe müssen auf der Hut sein, daß sie im Laufe der Zeit nicht nur um sich selbst kreisen und nur der eigenen Frömmigkeit und Heiligung leben. Gott hat missionarische Ziele mit ihnen. Er will durch solche kleinen Zellen hineinwirken in die größere Gemeinschaft oder Gemeinde. Die kleine Zelle ist nicht die Gemeinde, sie ist nur ein Teil derselben. Gott möchte durch solche Zellen nach außen wirken und sie als Dienst-Gruppen zur Gewinnung von verlorenen Menschen einsetzen.

V. Beispiel eines verbindlichen Mitarbeiterkreises

Ein junger Mann, Mitglied eines CVJM-Mitarbeiterkreises, berichtet einige Einzelheiten über die Verbindlichkeit dort:

1. Die Gestaltung unseres Mitarbeiterkreises

Zurüstung

Die Zurüstung ist für uns als Mitarbeiter besonders notwendig, sollen wir doch andere zum Glauben an Jesus führen oder darin weiterbringen. Deshalb brauchen wir einen Kreis, wo wir selbst »auftanken« können. Dies geschieht im

Mitarbeiterkreis.

Wir Mitarbeiter treffen uns an einem Abend in der Woche in diesem Kreis. Da geht es recht familiär zu. Jeder von uns soll sich hier wohlfühlen. Aber es wird auch konzentriert gearbeitet. Bei uns sehen die vier Mitarbeiterabende im Monat etwa folgendermaßen aus:

a) Ein dogmatisches Thema (bibl. Glaubenslehre) wird erörtert.

b) Ein Bibeltext wird gründlich erarbeitet.

c) Verschiedene Referate – z. B. über einen biblischen Begriff – werden gehalten und/oder persönlicher Austausch über Fragen und Probleme ist akut.

d) Das Programm des kommenden Monats mit Arbeitseinteilung wird besprochen.

Die *Leitung* unseres Mitarbeiterkreises hat unser gläubiger Pfarrer, der auch die exegetischen oder dogmatischen Referate hält. Bei ihm laufen alle Fäden zusammen. Alle wichtigen Fragen werden ausführlich im Mitarbeiterkreis besprochen.

Für Mitarbeiter unter 17 Jahren haben wir noch einen zweiten Mitarbeiterkreis. Das Programm ist ähnlich wie beim ersten, er hat nur keine Arbeitsbesprechung, sondern noch mehr persönlichen Austausch.

Einmal im Monat treffen sich beide Kreise zu einem gemeinsamen Abend. Hier ist meist das dogmatische Thema dran.

Einmal im Jahr treffen sich beide Mitarbeiterkreise zu *gemeinsamen stillen Tagen* in einem Freizeitheim. Diese vier bis fünf Tage dienen der persönlichen Stille vor Gott. Darin sind auch ein bis zwei Fastentage mit Schweigen und so wenig Nahrung wie möglich enthalten. Meist wird ein biblisches Buch oder ein Teil eines Buches durchgearbeitet. Nach einem gemeinsamen Austausch über den jeweiligen Textabschnitt folgt eine Gebetszeit. Als Ergänzung zur persönlichen Betrachtung und zum Austausch hält unser Leiter noch eine Ansprache über den Text.

Gebetszeiten

Zu Hause treffen wir uns täglich für eine halbe Stunde in unserem Gebetsraum zur Fürbitte. Wir haben die Anliegen nach einem Plan auf die Woche verteilt. Um mehr Zeit für das Gebet zu haben, ist einmal in der Woche ein Gebetsabend. Dieser ist in vier Teilabschnitte: Anbetung,

Sündenbekenntnis, Dank und Fürbitte gegliedert. Vor der Fürbitte teilen wir uns gegenseitig die besonderen Anliegen mit. Dauer des Gebetsabends: 60 bis 90 Minuten.

Alle drei Monate haben wir an einem Sonntag einen Gebetsnachmittag in einem Freizeitheim in der Nähe. Der Nachmittag verläuft in ähnlicher Weise wie der Gebetsabend, nur sind die einzelnen Teile entsprechend länger, vor allem die Fürbitte.

Opfer

Einmal im Monat sammeln wir für Missionswerke oder für uns bekannte Missionare ein Opfer ein. Jeder hat die Möglichkeit zu geben.

Seelsorge

Wenn jemand aus dem Kreis Seelsorge in Anspruch nehmen möchte, steht der Leiter gerne zur Verfügung. Seelsorge unter Jugendlichen (gegenseitig) haben wir eigentlich nicht. Verschiedene Mitarbeiter treffen sich aber als »Zweierschaft«.

Missionarische Einsätze

Wir besuchen vor größeren Veranstaltungen die Gastwirtschaften am Ort, geben Zeugnis und laden zu der Veranstaltung ein. Manchmal wird unsere Gruppe zu einem Einsatz in andere Orte eingeladen. Wir machen solche Dienste (Lieder, Zeugnisse, Verkündigung) gern, informieren uns aber vorher, ob dort die Möglichkeit einer guten Nacharbeit gegeben ist.

2. Unsere Mitarbeiterordnung

a) *Mitarbeiter* kann nur sein, wer Jesus Christus, seinen Erlöser, angenommen hat und Aufgaben übernimmt, um Christus zu dienen. Eintritt in den Mitarbeiterkreis erfolgt nach einem seelsorgerlichen Gespräch mit der Leitung des Kreises.

b) Wir wollen unser Leben Gott *ganz* zur Verfügung stellen.

c) Wir wollen täglich eine halbe Stunde *Stille Zeit* einhalten, dabei ein Kapitel und einen Psalm aus der Bibel lesen und uns Zeit nehmen für Gebet und Fürbitte.

d) Wir wollen alles *bereinigen*, was unser Verhältnis zu Gott und untereinander stört. Wir sind auch bereit, seelsorgerliche Ermahnung anzunehmen.

e) Wir treffen uns pünktlich und regelmäßig am wöchentlichen *Mitarbeiterabend*. Wir fehlen nur bei dringender Verhinderung und entschuldigen uns in einem solchen Fall vorher. Wir wollen auch nach Möglichkeit an den übrigen Veranstaltungen, an den Gottesdiensten und Rüstzeiten teilnehmen.

f) Wir wollen untereinander *offen sein* und Geheimniskrämerei meiden. Wir wollen in Mitarbeiterfragen gegenüber der Öffentlichkeit Verschwiegenheit üben.

g) Wir wollen den *Zehnten* unseres verfügbaren Geldes für göttliche Zwecke geben (Mal. 3, 10).

h) Wir wollen in allen Bereichen unseres Lebens – auch in der Schule, in der Familie, im Beruf und in der *Öffentlichkeit* – als Jünger Jesu leben und dadurch unseren Herrn ehren.

i) Ich möchte durch meinen *Dienst* mithelfen, daß andere Menschen Jesus auch als Herrn ihres Lebens annehmen. Mein Dienst soll ein Dank sein für alles, was mein Herr mir gegeben hat und gibt!

k) Wir wollen mit Gottes Hilfe ein *reines Leben* führen – wollen unreine Filme, Bilder, Zeitschriften und Fernsehsendungen meiden, dem andern Geschlecht ritterlich begegnen und daran denken, daß schon mancher auf diesem Gebiet durch Ungehorsam vom Jesus-Weg abgekommen ist.

l) Weil zu rechter Jesus-Nachfolge auch *verbindliche Gemeinschaft* und Zucht des Heiligen Geistes gehören, bin ich bereit, mich an diese Ordnung zu halten.

m) Ich will *im Vertrauen auf die Kraft Christi* nach dieser Ordnung leben und sie nur dort durchbrechen, wo ich es vor Gott verantworten kann. Ich will alljährlich zu Jahresbeginn durch meine Unterschrift diese Mitarbeiterordnung anerkennen.

....
W. G., Friseur, 28 Jahre

VI. Wo anfangen?

Die verschiedenen Leser dieses Buches werden sich in jeweils verschiedener Situation befinden, aber wahrscheinlich ist für jeden der Inhalt an irgendeiner Ecke aktuell. Wir wollen nicht nur von Verbindlichkeit reden und darüber philosophieren, sondern mit ihr beginnen, wo wir stehen. Wir sind aufgefordert, aus unserer Unverbindlichkeit herauszutreten.

Für manche bedeutet das z. B., neu anzufangen mit dem verborgenen Leben mit Gott, wieder früher aufzustehen, um die Bibel zu lesen und zu beten. Andere haben vielleicht gemerkt, daß sie das Seelsorgegespräch suchen oder regelmäßigen Austausch pflegen sollten. Bleiben Sie nicht bei der Erkenntnis stehen! Gehen Sie und vereinbaren Sie einen Termin mit einem Bruder oder Seelsorger! Wieder anderen wurde vielleicht deutlich, daß sie sich festlegen und einer Gemeinde oder Gruppe verbindlich anschließen sollten, anstatt weiterhin als christliche Reisende von einem Kreis zum anderen zu pilgern und sich überall nur die Rosinen herauszupicken. Tun Sie das! Wir brauchen festen Anschluß! Wir benötigen die Korrektur und den *Alltag* der Gemeinschaft. Wir wollen nicht nur nörgeln, was alles nicht richtig ist, sondern mithelfen, daß es anders wird. Wir wollen nicht nur Gemeinschaft fordern, sondern selber geben. Wir wollen nicht nur den Segen des Miteinanders genießen, sondern unseren Teil beitragen, damit alle sich wohlfühlen und in unserer Mitte Gott begegnen können. Wir wollen nicht vor Spannungen fliehen, sondern sie durchleiden, darin reifen und wachsen und in ihnen geistliche Menschen werden. Wir wollen Verantwortung wahrnehmen. Wir wollen der Unverbindlichkeit absagen, die Liebe von anderen fordert, ohne selbst treu zu sein und sich den anderen zu geben; die mitreden und bestimmen möchte, ohne sich selbst raten und korrigieren zu lassen; die gerne im Mittelpunkt steht, ohne im eigenen Leben dafür Substanz zu haben; die genießen möchte, ohne einen Preis zu bezahlen; die sich das letzte Wort immer selbst vorbehält.

Verbindlichkeit in den verschiedenen Bereichen kann in kleinen Gruppen am besten geübt und erfahren werden, weil dort die Zusammenhänge überschaubar und persönlich bleiben. Wer ganz allein steht, fange an, verbindlich mit Gott zu leben (s. Verwirklichung im persönlichen Leben, S. (22ff.) und bete um einen Bruder oder eine Schwester. Sie können seiner Schwachheit aufhelfen, sei es als Seelsorger oder in einer Zweierschaft. Oder er schließe sich einem Kreis an.

Wo zwei schon miteinander exerzieren, sollen sie weitermachen und gemeinsam in den verschiedenen Bereichen in der Übung bleiben. Ihr Gebet sollte sein, daß Gott neue Menschen zu ihnen führt, die mitgehen auf dem Weg der Nachfolge. Wenn sie wirklich mit Gott leben, werden sie missionarisch wirken können.

Wer in einen festen Kreis gehört, achte darauf, daß sein Leben vor Gott stimmt und er einen echten Beitrag geben kann (s. Verwirklichung im persönlichen Leben S. (22ff.). Das hat man nicht für immer in der Tasche, sondern es muß immer neu gewonnen werden. Er tue sich mit anderen zusammen, um im kleineren Kreis, in einer Zweierschaft o. ä. – natürlich in Absprache mit dem Leiter –, konkreter zu leben.

Der Leiter eines Kreises ermutige zu verbindlicherem Leben und fördere unterentwickelte Bereiche des Miteinanders (s. Verwirklichung, S. (51 ff.) durch gemeinsame Beschäftigung mit entsprechenden Büchern, Bibeltexten, durch praktische Ausübung und durch Gäste, die aus ihrer Erfahrung berichten und weiterhelfen können.

Adressen

1. Bibellesepläne für Kinder, Jugendliche und Erwachsene

a) Born Verlag – EC Verband
   Frankfurter Straße 180
   3500 Kassel-Niederzwehren

b) Schriftenmission und Verlag
   des Diakonissenmutterhauses Aidlingen
   Postfach 8
   7031 Grafenau-Döffingen

c) Bibellesebund e.V.
   Höfel Nr. 6
   5277 Marienheide

2. Bibelstudienhefte

a) Campus für Christus
   »Zehn Schritte zur geistlichen Reife«
   bei:
   Hänssler–Verlag
   Postfach 1220
   7303 Neuhausen-Stuttgart

b) Material des Gemeinde-Bibel-Unterrichts für
   Kinder, Jugendliche, Erwachsene, mit Anleitungen
   erhältlich beim Hänssler-Verlag

c) Navigatoren-Hefte
   »Die Navigatoren«
   Hausdorffstraße 130
   5300 Bonn

d) Emmaus Fernbibelkurse
   erhältlich beim Hänssler-Verlag

3. Anleitung zum Auswendiglernen von Bibelversen

a) Material der Navigatoren, siehe 2c
b) Material von Bibel-Memory
   Bibel Memory
   Sielminger Hauptstraße 29
   7024 Filderstadt 1

Wer Näheres über die Arbeit des Lebenszentrums Adelshofen wissen möchte, schreibe an folgende Adresse:
Lebenszentrum Adelshofen, 7519 Eppingen 2